面向信息处理的汉语文本情感结构的描写机制与资源建设研

面向社交媒体的观点分析技术研究

熊蜀峰　著

新华出版社

图书在版编目（CIP）数据

面向社交媒体的观点分析技术研究 / 熊蜀峰著 . --
北京：新华出版社，2020.6

ISBN 978-7-5166-5175-9

Ⅰ . ①面… Ⅱ . ①熊… Ⅲ . ①互联网络－传播媒介－
汉字信息处理－研究 Ⅳ . ① H127

中国版本图书馆 CIP 数据核字 (2020) 第 096896 号

面向社交媒体的观点分析技术研究

责任编辑：唐波勇	**封面设计：**优盛文化

出版发行：新华出版社

地　　址：北京石景山区京原路 8 号　　　**邮　　编：**100040

网　　址：http://www.xinhuapub.com

经　　销：新华书店、新华出版社天猫旗舰店、京东旗舰店及各大网店

购书热线：010-63077122　　　　**中国新闻书店购书热线：**010-63072012

照　　排：优盛文化

印　　刷：定州启航印刷有限公司

成品尺寸：170mm×240mm

印　　张：7.75　　　　　　　　　**字　　数：**150 千字

版　　次：2020 年 6 月第一版　　　**印　　次：**2020 年 6 月第一次印刷

书　　号：ISBN 978-7-5166-5175-9

定　　价：35.00 元

序 言

本书是笔者在平顶山学院承担的教育部人文社会科学研究一般项目计划"面向信息处理的汉语文本情感结构的描写机制与资源建设研究（19YJCZH198）"的支持下，对近年来在文本观点分析研究方面取得的一些成果进行的梳理和总结。

观点分析是一个文本计算问题，包括对事件、主题、实体及其属性的评价、态度等方面的建模和识别。针对不同用户的需求，可衍生出具体的子任务，例如，企业希望获得公众或消费者对其产品和服务的意见，潜在客户也希望在使用服务或购买产品之前了解现有用户对产品不同属性的点评。由此可见，观点分析问题是一个由许多方面和子问题组成的复杂问题。本书针对目前的应用需求和存在的研究难点与问题，对面向社交媒体的观点分析中的若干子问题进行深入研究，全书共7章，主要内容及各章节安排如下：

第1章是绪论部分，先介绍了研究的背景意义，接着简要讨论了研究进展，然后分析了传统方法中存在的问题并引出本书的研究内容介绍，最后是论文的结构安排。

第2章讨论面向产品评论分析的短文本情感主题模型。此部分先讨论了研究的动机及方案，然后详细阐述了短文本情感主题模型的生成过程、推断算法，并通过定性和定量分析实验证明了方案的有效性。

第3章对评价目标短语分组问题进行了研究。此部分主要对评论文本的分布特点进行了分析，然后对提出的加权上下文表示方法和有约束的K-Means方法进行了详细阐述，最后通过在公共数据集上的实验，对提出的方法进行了验证。

第4章从特征学习角度提出了基于深度度量学习的方法来处理评价目标短语分组问题。此部分先分析了已有方法存在的不足，然后详细讨论了深度距离度量学习方法中的注意力模型和多层感知机非线性变换模型，最后通过实验对提出的方法进行了验证，并进行了简要分析。

第 5 章讨论基于图方法的观点摘要问题。在分析了已有工作的不足之后，该章介绍了基于 HDP 主题模型的句子主题群组分布统计方法，然后介绍了基于句子主题群组和句子对关系的超图构建方法，并提出将顶点增强的超图随机游走算法用于摘要中的句子排序，最后给出了评估摘要方法效果的实验结果。

　　第 6 章讨论面向 Twitter 观点分类的情感增强词嵌入学习方法。此部分先分析了情感增强词嵌入学习的原理和目前方法的不足，然后阐述了一种综合利用情感词典资源与距离监督信息的多级别神经网络词嵌入学习模型，最后给出了实验评估结果。

　　第 7 章总结本书的主要工作和创新，并对今后的研究工作进行了探讨。

　　文本情感分析是文本分析领域的核心关键技术之一，本书探索的系列方法为文本情感分析各子方向提供了一些有效、实用的解决方案。相信通过更多科学研究人员的努力，文本情感分析研究将更加完善，应用将更为广泛。

　　限于笔者水平，本书不免存在疏漏，恳请读者斧正。

目 录

第 1 章 绪 论

1.1 研究背景和意义

一般而言，观点（Opinion）及其相关概念，如情感、评价、态度和情绪，其主题都是研究观点挖掘及观点分析。从心理学方面看，人们的信仰、对现实的看法以及做出的选择在一定程度上取决于人们如何看待和评价这个世界。换言之，观点几乎融入人类的各种活动中，并影响着人们的行为。因此，当需要人们做出决策时，他们通常会参考别人的观点和看法。不仅个人决策过程如此，组织机构也有着类似的决策流程。

观点分析技术的发展离不开社交媒体的发展。社交媒体（Social Media）指允许人们撰写、分享、评价、讨论、相互沟通的网站和技术，其思想和技术基础是 Web2.0，其内容基础是用户生成内容（User-Generated Content，UGC）。[1] 社交媒体的表现形式包括在线评论网站、讨论组、博客、微博、Twitter 以及社交网络等，用户可以通过电脑、智能手机及各种移动终端设备跨越时空限制进行交流。社交媒体为用户提供了一个前所未有的平台，人们通过它分享意见、经验、观点和口碑。作为最流行的互联网用户交流平台，社交媒体拥有世界上最庞大的用户群体。过去十年间，社交媒体数据的快速增长已经完全超出了人类对其内容分析理解的速度，人类历史上首次拥有如此海量的以数码形式存储的观点数据。[2] 图 1.1 是 Kantar Media CIC 发布的 2018 年中国社会化媒体生态概览图，这张图谱展示了在社交媒体不同领域内的国内主要网站①。如此庞大的社交媒体数据蕴含着巨大丰富的观点信息，充分分析和利用这些信息，能够为消费者和生产者以及相关人员和机构提供重要的决策支持。

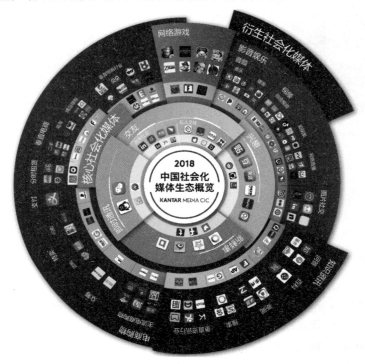

图 1.1 2018 年中国社会化媒体生态概览图

对消费者个人而言，社交媒体中其他用户针对产品发表的评论信息也称之为口碑（Word-Of-Mouth，WOM），对购买决策有重要的参考价值。无论消费者在线上抑或线下购买产品或服务，通常都可以事先浏览相关评论网站中其他用户对目标产品的评价，如购车评论可以访问汽车之家②、购书评论可以访问豆瓣网③、电影评论可以访问时光网④等。波士顿咨询发布的统计数据表明，中国消费者发表的在线评论数量最多，也是阅读在线评论最频繁的消费者。BizRate 的

---

① 来源于《2018 年中国社会化媒体生态概览白皮书》[EB/OL]. http://www.199it.com/archives/760095.html, 2020-05-28 经测试可以访问

② http://www.autohome.com.

③ http://www.douban.com.

④ http://www.mtime.com.

调查显示，在接受调查的 5 500 名消费者中，约 44% 在购买前会先参考他人的在线评论，并且有 59% 的用户认为在线消费者评论比专家评论更有参考价值。[3] 一项针对中国消费者的调查显示，91% 的被调查者不同程度地信任他人（熟人）所推荐的商品，78% 的被调查者信任他人在线发布的评论。[4] 微博同样是消费者发表意见及投诉的主要媒体，2017 年微博维权重点事件盘点如图 1.2 所示。图 1.3 是 2017 年微博平台商家对投诉的响应时间统计，可以看出商家也越来越重视微博中的消费者投诉①。

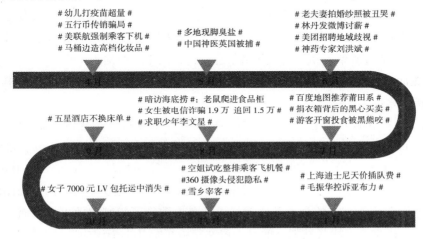

图 1.2　2017 年微博维权重点事件盘点

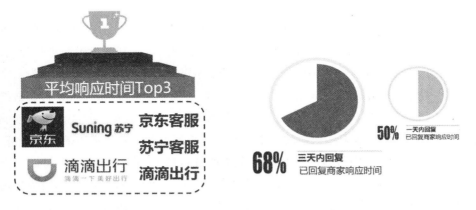

图 1.3　2017 年微博平台商家响应时间统计

①　来源于 2017 微博消费者权益保护白皮书 [EB/OL]. https://data.weibo.com/report/reportDetail.id=409. 经测试，可正常访问

　　对商家而言，可以参考社交媒体信息中的用户反馈信息，来提高自身产品的性能，指导新产品、新服务的研发，从根本上减少消费者的负面评论，最终提升产品的销量。最近一项针对亚马逊网站手机销售评论数据的研究表明，在线评论对手机销量有显著的影响。[5] 另一项针对国内京东网（JD.com）的销售评论数据的研究表明，不仅内部评论影响销售量，第三方外部评论同样对销售量有着显著的影响。[6] 对于电影票房等体验型产品，用户的评论影响更为突出，杨扬等人 [7] 指出，电影销售商应重点关注与跟踪电影上映第 1 周的用户评论信息，并及时对负面评论做出响应，从而推动电影票房快速增长。对于其他非交易型评论而言，如通过抽取相关主题信息进一步分析用户立场，可用于选民调查、政治决策等 [8-9]；通过股票类相关社交网络信息分析，用于股票预测。[10]

　　然而，社交媒体非规范性、简短明了的特点和精细化观点提炼的需求为数据分析带来巨大的挑战。

　　（1）文本的简短造成了文本数据稀疏，为依赖特征构建的机器学习方法带来了挑战。有监督的机器学习方法，如朴素贝叶斯（Naive Bayes）、最大熵（Maximum Entropy）、支持向量机（SVM）、条件随机场（Conditional Random Field）、隐马尔科夫模型（Hidden Markov Model）等，是文本分析通常采用的方法，它们在传统文本的分类及序列标等任务上取得了很好的效果。然而，社交网络文本通常带有噪音数据，而且一段文字由短短几十个词或者几个句子组成，其上下文信息短缺，没有足够的词共现信息进行统计推断，一般的机器学习方法很难在有限的语境中进行准确的推断。[11-12]

　　（2）精细化观点分析的需求为细粒度的评价目标识别、分组和观点分类提出了更高的要求。观点分析的主要目的是将给定的文本按其观点极性进行分类，类别通常分为积极、消极和中性三类。根据待分析文本的级别，可以分为三个层次，从初期的篇章级（document level）到句子级（sentence level），再到最终的方面（要素）级（aspect level）。对于篇章级和句子级分类，只关注粗粒度的用户喜好，可以直接采用一般的文本分类算法进行处理。对要素级的观点分析，需要先识别出文本中包含的一个或者多个评价目标（即要素 aspect，可以是产品的属性或者特征，如汽车产品的操控性、舒适性、乘坐空间等），然后分析用户对每一个要素的观点极性。[13] 由于不同用户的用词习惯和语言表达风格不同，尽管描述的是相同的评价目标，但可能采用不同的词语组合，这就需要在识别目标短语的同时，将识别出的目标短语（词）按其所描述的目标进行分组。这些必要的处理步骤无疑为细粒度的要素级观点分类提出了更高的要求。

　　（3）面向查询的评论摘要是对用户群体观点的总结，既要保证查询的相关性，也要广泛概括用户的意见，要求内容中心性与多样性统一，为摘要技术提出了新的要求。评论摘要是对用户产生的评论的概括性总结，能帮助其他用户快速了解被评价对象（产品、服务等）的优缺点，辅助其从海量的评论中获取需要的信息。自动生成摘要过程中既要考虑用户关注点（中心性），又要考虑评论用户对产品的各方面观点（多样性）。同时，由于用户各种各样的需求，甚至对同一数据源，用户也有可能搜寻不同类型的信息，因此以查询形式反映出的用户需求是评论摘要技术要考虑的重要因素之一。在这种背景下，传统的摘要技术不能满足个性化摘要的需求。比如，户外工作者可能会关注手机评论中关于待机时间的描述，音乐爱好者会关注同一手机评论中关于播放音质的描述。因此，个性化用户需求为评论摘要技术带来了新的挑战。

1.2　研究进展

1.2.1　概述

观点分析是对人们发表的针对实体、事件及属性的观点、评价和情绪的可计算化研究。近年来，由于广泛的应用前景和许多可研究的挑战问题，这个领域吸引了工业界和学术界大量的关注。观点极性分析不是一个单一的问题，而是由许多方面和子问题组成的复杂问题。此领域的研究起源于观点极性分类及主观性分类，即将其作为一个文本分类问题。观点分类是判别一个观点文档或句子表达表示出的观点极性，如正面或者负面。[14]主观性分类则是检测一个句子是主观还是客观性描述。[15]然而，许多真实环境下的应用要求更详细的分析，因为用户通常想知道观点的主题。[13]例如，一个产品评论，读者想知道用户称赞或者指责产品的哪个特征。为便于理解，以亚马孙网站上一款手机评论（图1.4）为例进行分析：

①给女朋友买的，昨天拿到，亚马孙送货速度还是很给力的；②5.5寸的屏幕很大，显示效果好；③播音外放很大声；④女朋友说拍照功能最棒，相机像素高，还有自带美颜功能；⑤女朋友还等我会买东西；⑥不过，手机音量键松动，怕用着用着就坏；⑦SIM卡放进手机里想拿出来有点难度；（8）用久有点发热。

图 1.4　手机评论样例

（为了便于分析，手工添加了句子编号）

在这份评论中有若干个观点，前 5 句表达正面观点，后 3 句表达负面观点。这些观点针对不同的目标或者对象。例如，第 2 句评价屏幕，第 3 句评价喇叭，第 6 句评价按键，第 5 句却是评价"我"，而不是手机相关的内容。在实际应用中，用户关心的基本是产品的某一个待评价目标而不是具体用户的信息。这些观点的持有者也不相同，第 4 句和第 5 句是"女朋友"，其他句的观点持有者则是评论的作者。

根据对这个评论样例的直观理解，观点分析问题形式化定义如下：一个观点是一个五元组，$(e_i, a_{ij}, s_{ijkl}, h_k, t_l)$，其中 e_i 是实体的名称，a_{ij} 是实体 e_i 的一个方面（aspect），s_{ijkl} 是对实体 e_i 的方面 a_{ij} 的观点极性，h_k 是观点持有者，t_l 是持有者 h_k 发表观点的时间。通常观点极性 s_{ijkl} 为正面、负面或者中性，也可以用不同的强度级别来表示，如很多评论网站采用 1～5 星级。

根据上述观点分析的定义，整个问题可以分解为如下几个子任务。

任务 1：实体抽取和分类。抽取文本中所有的实体表达，并且将同义的实体表达分组到一个类簇，每一个类簇表示一个唯一的实体。

任务 2：评价目标的抽取和分类。抽取文本中与实体相关的所有被评价的目标方面（为了便于理解，本书在后续描述中将其称为"评价目标"）短语，并且将多个同义的评价目标短语分组到一个类簇，每一个类簇都表示实体唯一的一个被评价目标。

任务 3：观点持有者抽取和分类。从文本或者结构化数据中抽取每个观点的持有者并对其进行分类。

任务 4：时间抽取和标准化。抽取出观点提出的时间，并对不同格式的时间进行标准化。

任务 5：观点分类。检测文档、句子或者评价目标相关的观点极性，即正面、负面和中性，或者指定一个数字星级。

任务 6：观点五元组生成。基于前 5 个任务的结果，生成观点五元组表示。一段文本可能包含多个观点五元组。

与客观存在的事实信息不同，观点是一种主观性的信息。在实际应用中，单个持有者的观点不一定能充分反应群体的认知，这就需要分析大规模群体中的所有成员的观点。基于这个原因，提供某种形式的观点摘要成为观点分析问题的一个潜在需求。因此，观点摘要任务也是学者经常研究的问题，其定义如下。

任务 7：观点摘要。根据从给定文本中检测出的所有用户的观点，自动产生某种形式的观点摘要，如定量或者定性的观点概述。

随着观点分析早期研究工作的提出 [13][16-17]，学者对各个任务的研究都相继展开。根据实际应用的驱动，评价目标的抽取和分类（任务 2）及观点分类（任务 5）的相关研究工作较多，国内外研究者目前已取得较好的成果。观点摘要（任务 7）作为一种最终应用形式，也具有较高的研究和应用价值。因此，本书的研究工作围绕这三个任务展开。

1.2.2 观点分析研究现状

1. 评价目标的抽取和分类

此任务是细粒度观点分析的必要步骤。当人们对目标进行评价时，可能针对目标的不同方面（属性）分别评价，不同的评价目标可能获得不同的观点评价类别。由于领域差异、评价人用词习惯不同等原因，评价目标的抽取面临很大的挑战，因此学者对此问题进行了深入研究。评价目标的抽取和分类方法可以分为两类：非本体方法和本体方法。

（1）非本体方法。一种思路是基于主题模型的方法。比如，Moghaddam 等人 [18] 针对冷启动术语（cold-start term）问题，设计了 FLDA（Factorized Latent Dirichlet Allocation）模型来抽取评价目标和评估目标的认可星级，克服了直接采用 LDA 模型遇到的冷启动术语训练语料稀少的问题。同样是为了克服训练语料稀少的问题，Wang 等人 [19] 提出了两种半监督的模型，即 FL-LDA（Fine-grained Labeled LDA）和 UFL-LDA（Unified Fine-grained LDA）。第一种模型结合了从电商网站获取的种子目标词，第二种模型结合未标记文档中的高频词来建模。为了更充分地利用训练资源,Zheng 等人 [20] 结合评估表达式模式（appraisal expression pattern）到 LDA 模型进行目标和情感的抽取，其评估表达式模式是从词间的最短依存路径中获取的。为了克服评价目标与情感各自独立建模的信息孤立问题，Xu 等人提出联合评价方面 / 情感模型来抽取评价目标。他们先建立依存情感词典，然后将词典的情感先验信息注入 LDA 模型中去抽取主题和分类。另一种思路则采用非主题模型方法。比如，Zhang 等人 [21] 使用 CRF 模型，结合多种句法和语义特征进行评价目标识别。Bagheri 等人 [23] 提出一个无监督的领域无关的模型，来抽取显式及隐含的评价目标。他们先基于词性模式建立显式候选目标列表，采用自举方法进行扩充。然后通过排序算法进行列表减化，并采用基于图打分算法识别隐含目标。上述研究工作注重通用性，Hai 等人 [24] 则专注于从语料领域角度进行考虑，通过观点特征固有的和外在的领域相关性来进行目标识别。还有其他一些方法从不同方面进行算法改进。比如，Quan 等人 [25] 提出一种新的相似度度量方法 PMI-TFIDF，来识别产品及其目标方面的关联。

Yan 等人[26]提出一个通过同义词典扩展的 PageRank 算法，来抽取产品评价目标。他们先抽取名词短语和其依存关系及相关的情感词，然后通过同义词对评价目标进行扩充，最后采用排序算法进行打分。

（2）本体方法。由于产品的质量完全依赖其组成部分的质量，而各部分的质量又由其各种属性来决定，用户的评价目标通常包含产品的组成部分和属性，因此产品和目标是一种层级关系。由于本体方法是一种描述层级关系的经典方法，人们自然想到了利用本体方法进行评价目标抽取与分类。早期工作采用人工构建本体的方式。比如，Zhou 等人[27]手工从 180 篇电影评论构建一个电影本体用于观点分析。Liu 等人[28]提出了自动构建方法，主要基于产品特征和情感词，采用双向传播算法建立模糊领域情感本体树（Fuzzy Domain Sentiment Ontology Tree, FDSOT），并用于面向方面的情感分类。Lau 等人[29]则进一步将隐含目标词考虑进来，针对此任务构建了本体学习系统。他们先使用 LDA 和 Gibbs 采样方法抽取显式和隐含目标词，然后将相关上下文中的情感词加入本体树。由于完全建立新的本体需要较高的成本，因此 Mukherjee 等人[30]以 ConceptNet 5 本体为基础来构建产品相关的本体，其本体包含 4 级层级关系，目标词的层级越高，其权重越高。

2. 观点分类

此任务目标是对观点极性进行分类，属于经典的分类问题，需要先抽取和选择文本的特征对其进行表示，也就是特征选择。观点分类常用的特征包括词频、词性、情感词（短语）以及否定词。一种选择方式是基于词典的方法，它由一个小的种子词集合进行自举（bootstrap）扩充成大的词典[31]。另一种方法是基于统计学习的方式，也是目前常用的方法。这种方法将文本看作一个词袋(Bag of Words)，记录了文档中出现的每个词及其出现频率。在词袋的基础上进行统计分析的方法主要有点对互信息（Point-wise Mutual Information，PMI）[32]、卡方分析（Chi-square，χ^2）[33]以及潜在语义索引（Latent Semantic Indexing, LSI）[33]等。

完成特征选择后，就可以采用常用的文本分类方法进行分类，用于观点分类的方法可以分为机器学习方法、基于词典的方法和混合方法三种。①常用的机器学习分类器，如朴素贝叶斯（Naive Bayes, NB）、最大熵（Maximum Entropy, ME）和支持向量机（Support Vector Machines, SVMs）等，都已经成功应用于观点分类[34-37]。②基于词典的方法也是通常采用的一种做法。Nasukawa 等人[38]通过创建一个包含 3 513 个情感短语的词典来进行主题喜好检测，在两个数据集上的实验证明了其方法的有效性。Whitelaw 等人[39]将词典构建半自动化，创建了一个包含 1 329 个形容词性及修饰符的词典，基于此词典划分评估组（appraisal groups），然后以评估组为特征进行观点分类。基于前人构建的词典，人们可以更好地进行分类。比如，Wilson 等人[40] 和 Kanayama 等人[41] 都采用从词典中获取的上下文情感线索辅助观点分类并取得较好的效果。③混合方法是综合运用机器学习算法和词典信息等进行观点分类。Sindhwani 等人[42] 结合词典中的先验情感知识到正则最小二乘分类算法，对三个不同领域的文本语料进行分类，结果表明其性能优于基线方法。Xia 等人[43] 对特征集进行了扩充，他们整合两种类型的特征集（词性特征集和现实关系特征集）和机器学习方法进行观点分类，并通过实验证明两类特征集均能够提升分类性能。Prabowo 等人[44] 则是混合不同的学习方法进行训练，他们采用 5 种不同的分类器进行混合训练，实验结果较单一分类器有所提升。Abbasi 等人[45] 结合词汇资源及 n-gram 特征构建一个特征关系网络（feature relation network, FRN），采用基于图的算法进行观点分类。

3. 观点摘要

此任务的主要目的是生成产品的总体评价摘要或者针对某一目标的评价摘要[46-47]。Beineke 等人[46] 提出观点（情感）摘要问题，其目标是从一篇文档中抽取一段文本用来表示用户对一个主题所持有的观点。Hu 等人[13] 则从某一个目标方面的评价角度来抽取用户的观点，他们重点关注的是更细粒度的用户态度。Carenini 等人[48] 通过直观的句子抽取和语言生成方法产生摘要，他们先通过统计的方法找到重要的特征目标并估计观点分布，进一步通过语言生成技术形成观点摘要文本。Li 等人[49] 提出结构化的观点摘要方法，他们采用目标特征词最近的情感表达作为观点信息，并将得到的目标—表达对列表作为最终的观点摘要。还有一些研究者对关键句子的选择算法进行了深入研究。比如，Zhu 等人[50] 针对句子的选择问题提出了一种方法，他们将此问题形式化为社区领袖检测问题，其中的社区由描述同一目标的观点句子组成。Kim 等人[51] 则对解释性句子的抽取问题进行了研究，并提出了相应的打分排序方案。研究者还对不同的领域数据进行了有针对性的摘要方法研究，如 Wang 等人[53] 研究会话文本的摘要问题，Zhuang 等人[52] 结合 WordNet、统计分析和电影知识提出了针对电影评论领域的摘要方法，Wang 等人[54] 研究了社区问答和博客的观点摘要问题等。

1.2.3　面向社交媒体的观点分析现状

对于社交媒体，相关研究工作主要围绕在线评论和微博两种社交媒体展开。针对其不同于普通文本的一些特点，学者提出了更具体的分析处理方法。本书就上述两种社交媒体近年来的研究进展做简要梳理。

1. 产品评论分析

一般的观点分析方法也可以直接或者通过组合的方式应用于产品评论分析[55-58]。除此之外，产品评论中还有一些需要特别处理的问题，即产品评价目标分组和隐含目标识别。

产品评价目标分组指将抽取出的表示产品评价目标的词语按其所属的目标进行分组，如笔记本电脑评论中的评价目标词"电池""电芯""续航"等词都是指笔记本电脑的电池评价目标。此任务可以看作评价目标抽取后的一个必要处理步骤，经过评价目标抽取和分组之后，才能得到准确的评价目标属性信息，从而进一步进行评价目标层级的细粒度观点分析。评价目标抽取方法如上节所述，目的是将文本中用户评价的目标词进行检测识别，得到的目标词其实是描述产品目标的多组同义（近义）词（短语），而评价目标分组的目的就是正确地进行分组划分。Guo 等人[59] 提出分两步处理评价目标抽取和分组问题，他们采用两个无监督的潜在语义关联模型（Latten Sematic Association, LSA）处理半结构化的评论文本，第一个 LSA 将词分组成概念集合，第二个 LSA 将概念集合进一步形成产品的评价目标分组。为了克服无监督模型性能的瓶颈，Zhai 等人[60] 提出了半监督的有约束期望最大化算法，能够对小部分已标记的评价目标种子词进行扩充来增强分组性能。其后续工作[61-62] 进一步从标记样本的生成和主题模型的半监督化上进行了改进。Huang 等人[63] 从词法形态和上下文特性方面生成约束信息来增强分组过程。Zhao 等人[64] 分析评论文本的特点之后，提出利用情感分布的一致性来辅助提高分组的性能，其实验结果也证明了其方法的有效性。另一部分研究工作则是将抽取和分组两个步骤合并到统一的方法中进行，此类方法主要是基于主题模型进行改进。[65-69]

隐含目标识别在产品评论中，因为评论文本具有集中的针对性，因此用户往往省略评价目标，如手机产品评论中的一句话"可以待机三天"，如果补充成完整的表达，应该是"电池可以待机三天"。电池作为手机产品的一个评价目标，由于没有出现在文本中，被称为隐含目标，被省略后虽然并不影响读者理解，但为机器处理带来挑战。自 Liu 等人[70] 首次提出评论文本中隐含评价目标的现象后，很多学者对其进行了深入研究。Su 等人[71] 提出采用基于语义关联分析的 PMI（Point-wise Mutual Information）来识别隐含评价目标，但他们并没有提供量化的实验结果。基于规则的方法也是常用的方案之一。比如，Hai 等人[72] 采用基于观点词的共现关联规则挖掘方法来检测隐含评价目标。Wang 等人[73] 则提出了专门针对中文评论文本的混合关联规则挖掘方法，可以更好地处理中文信息。Poria 等人 [74] 使用常识知识和句子依存树中发现的规则来检测隐含评价目标。主题模型作为常用的文本分析方法，也可以辅助进行隐含评价目标识别。Xu 等人 [75] 先利用 LDA 主题模型进行显式评价目标发现，然后用发现的显示评价目标数据来训练 SVM 分类器进行隐含评价目标的发现。

2. 微博观点分析

作为当前最为流行的社交媒体，微博也是用户经常发表观点的平台之一。基于微博中用户发表的观点，可以分析产品口碑 [76]、预测股票走势 [77]、分析公众舆论 [78] 等。为此，国内外机构组织了公开评测，如 SemEval（Semantic Evaluation）、COAE（Chinese Opinion Analysis Evaluation）、NLPCC（Natural Language Processing and Chinese Computing）等都发布了相关的评测任务。尽管常用的观点分析方法都可以应用于微博，但是由于微博内容长度的限制，其提供的上下文信息过于稀疏，还因连续时间内的博文内容间的关联影响以及用户的社会关系网络等特点，使分析过程中需要考虑更多的影响因素。如何充分利用微博的特点也是研究者着力重点突破的问题。相关方法可以分成三类：①距离监督训练方法；②特征预处理方法；③基于深度神经网络的方法。

（1）距离监督训练方法。Go 等人 [79] 首次提出采用距离监督（Distant Supervision）方法来训练分类器完成观点分类，此方法能够利用微博文本中自带的表情符号作为含有噪音的标记数据。例如，含有表情符号 :）的博文通常表示积极的情感，而含有 :（ 符号的博文通常表示消极的情感，此类符号就可以作为距离监督的指示信息。随后的工作又相继对监督信息进行了扩充，如 Davidov 等人 [80] 进一步将监督信息扩展到 hashtag，Barbosa 等人 [81] 加入了 Twitter 句法特征，都在一定程度上提高了分类效果。上述研究仅限于正负二分类。Kouloumpis 等人 [82] 综合考虑各类距离监督特征，引入中立观点分类，完成了微博观点三分类任务。Liu 等人 [83] 则将表情符号信息与手工标注信息结合提出表情平滑语言模型来进行微博观点分析，其实验结果证明新模型的效果好于单独使用任何一类监督信息的模型。

（2）基于主题模型的方法。普通的主题模型方法主要用于分析一般文本，需要大量的上下文信息，而微博（Twitter）的特点使其无法提供足够的上下文信息，因此主题模型需要经过改进才能更好地用于微博观点分析。最初的做法是将多条微博文本聚集到一起作为一个伪文档进行分析 [84-85]，其效果明显优于单条分析。Lim 等人 [86] 则引入距离监督信息到主题模型中，提出 Twitter 观点主题模型（Twitter Opinion Topic Model, TOTM），该模型将 hashtag、表情符号和强情感词融入分析过程，能够利用目标—情感表达间的交互行为更好地处理观点分析问题。Nguyen 等人假设句子具有单一主题与情感，基于此假设将情感因素引入主题模型分析用户观点，并成功应用于股票预测。

（3）基于深度神经网络的方法。观点分析问题的一个基本因素就是特征表示，特征表示的好坏直接影响着分析效果。深度神经网络作为目前流行的表示学习技术，已经在图像处理、文本分析等领域都取得了很大的成功。如何利用深度神经网络方法更好地学习观点特征的表示及上下文环境的表示成为目前观点分析领域的一个热点问题。Tang 等人 [88] 率先提出在学习词嵌入（Word Embedding）时考虑情感因素，即在学习 Twitter 词表示的目标函数中不仅要保留语言模型信息，还要保留情感极性信息，他们使用的情感信息仍然是 Twitter 特有的距离监督信息。在其基础上，Ren 等人 [89] 加入了主题因素，即同时考虑语言模型、情感因素和主题分布来学习词表示，使观点分析性能取得进一步提升。除了词嵌入学习之外，多种新的神经网络学习模型也成功应用于微博观点分析。Santos 等人 [90] 采用有监督的卷积网络进行 Twitter 情感分类，其输入层特征包括词向量（表示句法和语义）和字符向量（用来表示词法和形状特征）的拼接，经过隐藏层对句子得到的情感标签打分，其模型顶层采用 softmax 还原出情感标签分布。Dong 等人 [91] 提出自适应循环神经网络用于目标依赖（target-dependent）的 Twitter 情感分类任务。同样是目标依赖情感分类任务，Vo 等人 [92] 则通过词表示和 pooling 函数将丰富的 Twitter 环境特征信息进行表示，采用 liblinear 线性分类器很好地完成了分类任务。Ren 等人 [93] 在另一研究工作中提出利用 Twitter 丰富的上下文序列作为辅助资源来训练卷积神经网络（Convolution Neural Network，CNN）模型用于观点分析。

1.3　研究内容

1.3.1　当前研究工作中存在的问题

1. 无监督情感主题学习中的数据稀疏问题

微博自产生时其长度就被限制为短短的 140 个字，随着移动互联网终端的广泛使用，评论文本的长度也变得越来越短。[94] 事实上，社交媒体中大部分观点文本都具有鲜明的观点和简洁的表达，特别是微博和用户评论。如图 1.5 所示，在评论 R1 中，27 个字表达了用户对 7 个主题（评价目标）的观点。对于观点句子而言，最重要的两个信息是评价目标（在产品评论中称为 aspect）和观点极性。观点极性通常由情感词来表达，而相同的情感表达短语在描述不同的评价目标时可能会表现出不同的极性。例如，图 1.5 中的两个句子中，当"小"用来修饰不同的评价目标"发热"和"内存"时，它的观点极性正好相反。基于评价目标与观点极性之间的相互关系，学者提出采用无监督主题模型（topic model）来联合建模评价目标与观点极性[66][69][95]，但在处理社交媒体数据时，还需要面对主题情感联合建模中的文本稀疏问题。

R1: 外观不错，速度可以，键盘舒服，发热小，电池时间长，送货快，性价比高。

R2: 内存小！驱动不全！

图 1.5　两条观点文本信息

2. 评价目标短语分组中的上下文表示问题

针对评价目标短语分组问题，目前的方法主要以目标短语的上下文作为主要特征来表示目标短语，其思路是基于这样一个假设：表示同一个评价目标的不同目标短语应该拥有相似的共现上下文环境。这些方法对目标短语所出现的所有句子进行处理，将目标短语周围一个指定大小为 t 的窗口内的词语聚集到一起，形成其总体的上下文环境。这种表示方法面临两个问题：①一个固定大小的 t 值不能够适用于所有的句子，因为句子长度的不同，其语义表达的集中程度不一样。换句话说，一个小 t 值不能够获取足够的上下文词语，而一个大的 t 值又有可能获取到很多的噪音上下文词语。②这些方法采用词频的方式来对上下文进行加权，尽管词频方式是一种对聚类算法简单有效的特征加权方法，但对评价目标分组任务而言，在很多情况下可能无效。例如，句子"图像清楚明亮并且声音超好"有两个评价目标——图像和声音，清楚、明亮、超好作为两者的上下文，词频都是 1，这种情况下加权方法失效，因此必须提供更好的方法来对目标词及其上下文间的交互修饰关系进行建模，以获取更加合理的特征权重信息。另外，传统的方法已经证明先验约束知识也可以提高分组的效果。然而，传统的方法利用词法形态关系和同义词信息生成约束信息，由于此类约束无监督学习到的不可靠的知识，传统方法允许在分组过程中违反部分约束。对于哪些约束可以违反，哪些约束需要遵守，并没有统一的限制方法，这在一定程度上影响了约束知识的利用率。

3. 观点入摘要中的主题分布影响问题

抽取式摘要方法是主要的观点摘要手段之一，这种方法是从原始的文档中抽取出有代表性的句子来概述整个文本，而基于图的方法是抽取式摘要技术中最常用的手段，这种方法基于句子聚类分析来获得高质量的摘要。聚类时主要关注句子级别或者类簇级别的相似度，以及句子类簇的相互关系。对于一个面向用户查询（需求）的摘要系统而言，需要重点考虑两个方面的因素：①高的查询相关性；②高覆盖度和低重复率。高的查询相关性指摘要内容要尽可能符合用户查询需求。高覆盖度和低重复率指摘要文本要概述整个文档且尽量没有重复内容。目前的基于图方法的摘要系统存在两方面的局限：①它们聚类句子时基于简单的词共现相似度，由于缺乏更深层次的语义理解，此方法可能会将语义相似的两个句子划分到不同的主题簇；②经过图排序方法得到的分数排名靠前的句子有可能是那些具有很高主题相似度的句子，无法满足前面提到的低重复率要求。

4. 情感相关的 Twitter 词嵌入学习方法中的词典资源与距离监督信息利用问题

有针对性地学习情感相关词嵌入能够提高观点分析的性能，目前的方法通常是利用距离监督信息，如表情符号和 hashtag 等来粗略地确定 Twitter 级别的观点极性，从而进一步训练相关学习算法。实际上，目前已经有很多经典的情感词典资源，这些词典收录了一般性的表达情感极性的词汇，在很多的观点分析方法中都用到了情感词典资源，并取得了很好的效果。因此，如何在情感相关词嵌入学习过程中利用词典资源提高学习效率是亟待研究的问题。此外，目前的情感相关词嵌入学习方法是基于传统的词嵌入学习模型，而传统模型是一个局部上下文模型，即利用的信息是局部的 n-gram 语言信息。然而，情感词嵌入学习方法利用的观点信息是全局的 Twitter 级别的距离监督信息，即假设整条 Twitter 都具有相同的观点极性，此假设太过严格，需要适当放松以适合真实的文本环境。

1.3.2　本书的研究内容

本书对面向社交媒体的观点分析技术进行分析，有针对性地分析了目前研究工作存在的问题。针对存在的问题，本书主要从评价目标抽取与分类、观点文本摘要和社交媒体观点分类三个子任务方向展开深入研究，具体内容包括以下几个方面：

（1）针对无监督的情感主题模型学习问题，本书提出了短文本情感主题模型用于观点主题发现和情感分类。对于普通的观点文本分析，情感主题联合建模方法已经取得较好性能。为了弥补其在短小的社交媒体文本分析中的不足，本书在文本的生成过程中考虑稀疏问题，先将整个待处理文本语料转换成一个词对（word-pair）集合，然后对这个集合的生成过程进行建模。在本书的生成模型中，一个句子中的所有词具有相同的情感极性，每一个词对具有相同的主题。基于此假设，采用 Gibbs 采样方法对整个模型进行推断来学习参数。实验表明，本书提出的方法能够有效地进行主题发现，与传统方法相比，在情感分类性能上也有较大的提升。

（2）针对评价目标短语分组中的上下文表示问题，本书提出了三种解决方案。第一种方案引入词嵌入表示方法计算上下文的相对权重，同时利用语义相似度衡量聚类约束知识的强度，并提出一种灵活约束的 K-Means 聚类算法对评价目标短语分组。第二种方案通过对评论文本的情感分布特性的分析，提出一个新的假设：每个评价目标所覆盖的句子数量受整个评论语料总量的限制，且具有一个上限值。本书通过统计的方法对上限值进行估算，并提出一种新的容量约束的 K-Means 算法建模整个聚类过程。第三种方案通过深度度量学习的方法进行目标分组。先采用基于注意力的（attention-based）方法来进行目标短语与上下文的组合表示，目的是更好地体现出目标词与上下文间的交互修饰关系，得到更合理的上下文权重表示。然后，基于距离监督信息生成目标短语对样本，并利用并行深度网络学习目标短语样本对之间的距离。最后，利用学习到的网络结构生成所有短语的向量表示，并采用 K-Means 算法做聚类完成分组。实验结果表明，本书提出的三种方案能够很好地利用各类约束信息和资源来提高目标分组的性能。

（3）针对观点文本摘要问题，本书提出了一种基于超图的顶点增强随机游走框架，用于对观点摘要中的候选句子排序打分。框架先利用 HDP（Hierarchial Dirichlet Process）主题模型来学习句子中的词—主题概率分布，然后使用超图对基于词—主题分布的聚类关系和词语间的点对相似关系建模，最后采用时间变化的随机游走算法来确保句子的多样性与中心性的统一。在公共数据集上的实验结果证明了框架的有效性。

（4）针对情感增强的 Twitter 词嵌入学习问题，本书提出了多级别的混合神经网络模型来学习词嵌入表示。传统的学习方法主要是在学习过程中同时编码 n-gram 信息和距离监督信息。本书提出综合利用情感词典信息和距离监督信息来学习词嵌入，这样既可以考虑词本身的情感极性信息，也放松了传统方法中的 Twitter 全文情感一致的假设。本书的具体做法是同时考虑词级别的情感信息和 Tweet 级别的距离监督信息，采用并行非对称神经网络来建模 n-gram、词级别情感标签和 Tweet 级别情感标签。在标准数据集上的实验结果证明，本书提出的方法性能优于已有的最新方法。

1.4 本章小结

　　本章先对全书的研究背景和意义进行了介绍，然后梳理了观点分析研究的子任务，并进一步分析了其研究现状，进而详细分析了面向社交媒体的观点分析研究现状，引出了本书的主要研究内容。

第 2 章　面向产品评论分析的短文本情感主题模型

2.1　引言

近年来，随着社交媒体的兴起，人们彼此之间越来越多地通过网络分享意见、见解、经验和观点。以微博为例，人们通常喜欢在个人微博中发表对事情的看法，表达对某件事、某件商品的评价。以在线购物为例，由于消费者无法亲身观察和查验产品质量，来自其他消费者对该产品的评价就成为在线消费决策不可或缺的信息。完全依靠人工来分析社交媒体信息中的用户观点信息既费时又费力，对此，观点挖掘技术从自动分析处理信息的角度提供了一种解决方案。观点挖掘的目标是检测出文本中针对某一话题所表达的观点（情感）信息，分析的粒度可以分为文档、句子和元素级三个级别[2][13,14][96]。

如第一章所述，弱监督主题学习和文档级情感面临着文本稀疏问题。

学者虽然提出了一些解决方案，但在处理社交媒体数据时，还需要面对主题情感联合建模中的文本稀疏问题。事实上，社交媒体中大部分观点文本都具有鲜明的观点和简洁的表达，特别是微博和用户评论。微博自产生时其长度就被限制为短短的 140 个字，随着移动互联网终端的广泛使用，评论文本的长度也变得越来越短[94]。

基于主题建模的很多研究工作已经注意到文本稀疏现象，一种解决方案是将短文本连接成较长的伪文档，使用伪文档作为模型的输入来采样生成过

程 [84-85]；另一种方案则基于另一个假设，即一段短文本仅描述一个唯一的讨论话题 [101-102]。此外，最近的一项研究工作 [103] 中，采用一次采样一个词对的方式来建模词对在语料中的共现。上述这些研究都只是对短文本中的主题进行建模。在本书的方法中，则是通过对全局的词对生成过程建模来进行情感极性和主题的联合检测。

在本书的工作中，集中研究文档级别的情感分类和主题建模，提出一个弱监督的词对情感主题模型（Word-pair Sentiment-Topic Model，WSTM）。该模型是一个概率混合模型，通过直接对全局范围内的词对（word-pair）生成过程建模来学习短文本中的情感和主题信息。一个词对是指在特定的上下文中的两个无序的共现词。具体而言，本书先将整个语料看成一个共现词对集合（a bag of co-occurred word-pairs），然后对共现词对集合的生成过程进行建模，即通过一个混合模型依次采样语料中的每一个词对，该混合模型包括一组主题语言模型和一组情感语言模型，通过学习 WSTM 模型，得到语料级别的情感—主题组成信息和全局的情感主题分布信息，进而推导出每个文档的情感分布和主题分布。本书在两个评论文本数据集上对提出的方法进行了评估。实验结果表明，WSTM 能够准确地发现文本中的主题并检测出观点极性，检测准确率明显高于已知的最新的同类方法。

2.2　相关研究介绍

经过上一节的分析可知，评价目标（主题）和观点极性是用户评论中用户要表达的两个主要信息。既然评价目标就是要讨论的主题，用户发表的又是对主题的观点，那么一项方案就是采用概率混合模型同时对评价目标和观点极性联合建模。很多研究工作都在 LDA（Latent Dirichlet Allocation）模型的基础上提出各种变体来处理联合建模问题。[68][104-108] 由于方法变体众多，Moghaddam 等人对相关的研究工作进行了梳理分析，并根据相关特性对这些方法进行了归类。其依据的特性包括以下几方面：

• 用一个潜在变量建模词（短语）/ 分别用不同的变量建模评价目标短语和评价星级。

• 采用语料中所有的词 / 只对观点表达短语采样。

• 对目标词与评价星级间的依存关系建模 / 不考虑依存关系。

• 仅使用待分析的评论文本训练 / 额外使用其他辅助数据训练。

由于前两项特性属于内在特性，后两项为外部知识和外部数据的取舍，需要人工干预，因此根据后两项特性划分标准，WSTM 属于不考虑依存关系且不使用附加输入数据这类方法。

根据此划分，与 WSTM 模型同类的相关方法主要有以下几个代表性的工作：

（1）JST（Joint Sentiment-Topic Model）。此模型是基于 LDA 的三层级结构，也就是在文档层与主题层之间加入一个附加的情感层。[69] 在此四层结构中，情感极性与文档相关，主题与情感极性相关，而词同时与情感极性和主题相关。

（2）ASUM（Aspect and Sentiment Unification Model）。此模型由 Jo 等人[66]提出，和 JST 一样由四层结构组成。与 JST 模型不同之处在于，ASUM 模型认为同一个句子中的词都用于描述同一个话题，JST 则允许各个词来自不同的话题。在 WSTM 模型当中，保留 ASUM 中部分假设，即约束来自同一个句子的词对具有相同的观点极性，而只要求一个词对中的两个词来描述同一个主题。

（3）STDP（Senti-Topic model with Decomposed Prior）。Li 等人[109] 提出此模型，他们将观点极性的生成过程分解为两个层级。第一层先检测一个词是属于情感词还是主题词，如果是情感词，则在第二层中识别词的极性标签。在本书的模型当中，本书认为极性标签是由情感词和主题词共同决定的。STDP 需要人工构造先验知识来检测一个词是情感词还是主题词，且这样生成的先验规则并不一定适合所有领域和不同语言（如中文与英语）。本书试图最小化人工参与的监督训练行为，因此 WSTM 模型除了使用一个公共可用的情感词典外，不再使用任何规则。

上面提到的三个模型主要针对足够长的传统媒体文本，如电影评论、餐馆评论等(具体评测数据统计信息请查阅三个模型对应的文献)。在不考虑短文本稀疏问题的情况下，一个模型学习过程中没有足够数量的词统计信息发现词之间的主题相关性。这个问题会进一步影响情感极性的识别。为了克服建模单文档生成过程中遇到的文本稀疏问题，本书采用类似 BTM 模型[103] 中的方法，即对整个语料级别的词对生成过程建模。不同之处在于，本书的混合模型联合检测情感与主题，BTM 仅考虑主题信息。

最近的一些其他主题建模工作[12][84-86][101][110-115]也考虑到了短文本中的词稀疏问题。其中，一种方法是通过聚集短小的 twitter 文本形成长的伪文档，然后采用标准 LDA 进行主题分析，有效地发现主题文献。[84][85] Zhao 等人[101] 提出 twitter-LDA 模型，在标准 LDA 模型中加入了用户层，不同的用户所关心的主题分布不同，同时通过一个隐藏变量区分了背景词与主题词。Tang 等人[111] 将不同类型的上下文（如时间、用户、hashtag）看作语料的不同视点，提出一个协同正则化框架来结合多个视点共同分析文本讨论的主题。Mehrotra 等人[112] 和 Wang 等人[113] 则利用用户提供的 hashtag 作为半监督的信息，前者对 tweeter 进行池化（pooling）时利用 hashtag 信息，后者提出基于 hashtag 图来建立词之间的语义关系。Lin 等人提出双向稀疏主题模型来处理文本中主题稀疏的问题，主要用于发现文本中重要的主题和词汇。Quan 等人[115] 通过主题推断的方式来集合文本，其模型分为两个阶段，第一阶段从常规主题模型进行主题推断，第二阶段从伪文档中生成文本片断用来对应实际的短篇文本。然而，这些工作都只是建模文本中的主题信息，并不考虑情感信息，且大部分方法都是应用于其他任务和领域。Lim 等人[86] 同时对主题和情感建模，但其文本聚集的方法依赖 twitter 文本中的 hashtag，无法应用于评论文本分析。

2.3　情感主题模型

在本节，本书将描述所提出的 WSTM 模型，WSTM 通过建模整个语料的生成过程来同时学习短文本中的主题与情感极性标签。在 WSTM 中，本书采用 Gibbs 采样方法进行参数推断。随后，本书对生成过程无法直接推断出的单个文档的主题与情感极性标签进行估计。为了方便理解，先将本章采用的符号含义总结出来，如表 2.1 所示。

表 2.1　本章中符号的含义

符　号	描　述	符　号	描　述
D	文档数量	β	φ 的非对称 Dirichlet 先验参数，$\beta = \{\{\{\beta_{z,l,i}\}_{k=1}^{T}\}_{l=1}^{S}\}_{i=1}^{V}$
S	情感极性数	γ	π 的 Dirichlet 先验参数
V	词汇表大小	α	θ 的 Dirichlet 先验参数
M	词对数量	m	词对所属的句子号
T	主题数目	z_t	第 t 个词的主题
b	词　对，$b = (w_i, w_j)$	l_t	第 t 个词的情感极性标签
w	词	B	词对集合

符　号	描　述	符　号	描　述
z	主题	z_{-t}	除第 t 个词以外的其他所有词的主题分布
l	情感极性标签	l_{-t}	除第 t 个词以外的其他所有词的情感极性
Π	情感极性标签的多项式分布	$N_{k,l,i}$	词 w_i 指派为主题 k 和情感极性 l 的次数
$\pi_{d,l}$	文档 d 在情感极性 l 上的分布	$N_{k,l}$	指派为主题 k 和情感极性 l 的词的数量
Φ	词的多项式分布	$N\{\}\_(.)$	句子计数
$\varphi_{k,l,w}$	词 w 基于主题 k 和情感极性 l 的分布	N_k	主题 k 中的词的数量
Θ	主题的多项式分布	$N^{()}_{.,-t}$	除第 t 个以外的其他词的数目
θ_k	主题 k 的分布		

2.3.1　观点文本的表示

直观上而言，一个词的情感极性标签是由情感词和其上下文所决定的。如图 1.5 所示，当出现在词对〈发热，小〉中时，"小"的情感极性是正，而出现在词对〈内存，小〉中时，其情感极性为负。因此，词对可以用来检测情感极性标签。然而，当文本比较短时，上下文信息有限，主题—情感模型将遇到稀疏性问题。一种行之有效的方案是采用全局的词对共现模式来学习文本主题。[103]所以，本书可以使用一个统一的框架，从词对生成过程中同时学习短文本中的主题与情感极性标签。换句话说，WSTM 使用全局的词对生成过程来代替传统的单个文档的生成过程来建立模型。

在 WSTM 中，第一步需要把原始的评论文本用一个新的词对集合来表示，其中词对是从每篇文档中抽取出来的。一个词对 b 由两个词组成，与词的顺序无关，其目的是建模给定窗口大小范围内同时出现在文档中的两个词。在本书的实验中，窗口大小是 10。例如，在图 1.5 文档 R2 "内存小！驱动不全！"可以抽取出 5 个词对 < 内存，小 >、< 内存，驱动 >、< 内存，不全 >、< 小，驱动 >、< 小，不全 > 和 < 驱动，不全 >。在生成过程中，每个词对中的词将被指派相同的主题，来自同一个句子中的词对指派相同的情感极性标签。本书从语料中抽取所有词对形成一个集合用来表示观点文档。

和其他基于窗口的方法一样，模型可能会引入噪音数据。显然，一些词对，如 < 小，驱动 > 和 < 小，不全 >，不应该处于同一主题。对于这种引入噪音的情况，在算法实际运行过程中，是对整个语料中的词语进行统计，在单个句子采样时得到的噪音词对放到大范围的统计时频率变得很小，因此对全局的运行结果影响可以忽略。事实上，很多研究工作中都使用基于窗口的方法并取得了较好的效果。[66][103] 特别是 ASUM 模型 [66] 将窗口方法同时用于主题和观点，其窗口相当于整个句子，此模型约束窗口（句子）内所有词具有相同的主题和观点极性。

2.3.2　WSTM 模型

WSTM 模拟所有用户发布的整个文档集的生成过程。从一个用户的角度来讲，文档的生成过程大致如下：

（1）对于要书写的每一个句子，一个评论者要确定要表达的情感极性比例，如 80% 正面和 20% 负面。

（2）确定句子情感极性后，以一定主题（评价目标）分布去表达对某款笔记本电脑的观点，如所有内容中 30% 关于内存，30% 关于外观，20% 关于运行速度，最后 10% 关于电池。

（3）随后选择词对来表达前面确定好的主题和情感极性下的观点。

给定一个语料 C 包含 D 篇文档 $d \in \{1, 2, 3, ..., D\}$；采用第 3.1 节所述的方法从 C 中抽取得到的词对集合 $B = \{b_1, b_2, ..., b_M\}$。WSTM 先建模集合 B 的生成过程，然后本书提出了一种估计每篇文档 d 的情感—主题分布方法。假设总共有 S 个情感极性标签按索引 $S = \{1, 2, ..., S\}$ 排列。对于一个情感极性 l，有 T 个主题与之相关。给定 α、β 和 γ 为 Dirichlet 先验。

本书形式化的定义 WSTM 生成过程如下：

• 对于每一篇文档 d，

  * 采样文档的情感分布 $\pi_d \sim Dir(\gamma_d)$

  * 对于每个情感标签 l，采样一个主题分布 $\theta \sim Dir(\alpha)$

  * 对每一个句子 M，

– 选择一个情感标签 $l \sim Mult(\pi_d)$

- 对于每个词对 $b \in B$，

    * 根据其所在的句子标签 m 确定其情感标签 l

    * 根据情感标签 l，选择一个主题 $z \sim Mult(\theta_l)$

    * 根据情感标签 l 和主题 z，选择两个词 $w_i, w_j \sim Mult(\varphi_{l,z})$

WSTM 的图模型表示如图 2.1 所示。为了对比，本书也给出了 JST 和 ASUM 模型的图表示，如图 2.2 和图 2.3 所示，图中 R 表示同一句子中的词数量。通过图模型可以看出，WSTM 与 JST、ASUM 有两点不同：① WSTM 建模过程中不考虑文档的生成；② WSTM 在同一主题下生成词对（w_i, w_j），ASUM 则生成一个句子的所有词，JST 与两者不同，其生成过程中各个词的主题均相互独立。

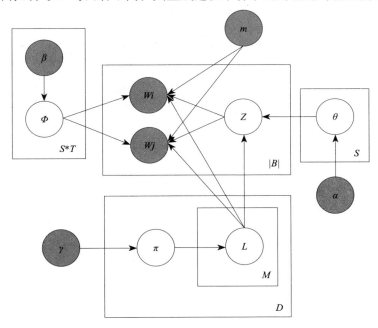

图 2.1 WSTM 模型的图表示

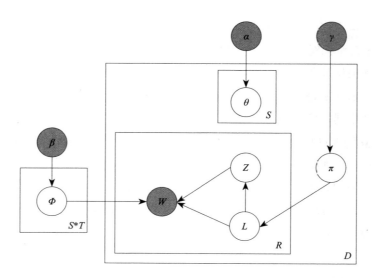

图 2.2　JST 模型的图表示

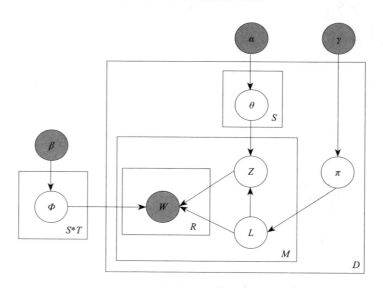

图 2.3　ASUM 模型的图表示

在 WSTM 模型中，需提供合适的先验知识，使模型能够将情感标签对应于真实的人类情感。换言之，需建立模型学习到的标签与人类情感之间的对应关系。本书通过非对称先验参数 β 来引入情感词典中的人类情感信息。假设情感词典中的一个词 w_i 出现在句子中，则可通过以下公式计算其情感分布的 Dirichlet 先验：

$$\beta_{w_i,l} = P_{w_i}(l) * \beta_0 \tag{2.1}$$

其中，β_0 是一个基本因子（如 0.05），$P_{w_i}(l)$ 是预定义的词典中的词 w_i 关于情感标 l 的概率。如果观点极性有正面、中性、负面三种，且 w_i 在情感词典中的极性为正面，则可以定义 w_i 为正面的概率 $P_{w_i}(positive) = 0.99$，中性的概率 $P_{w_i}(neutral) = 0.009$，负面的概率 $P_{w_i}(negative) = 0.001$。其表示的含义：词 w_i 在语料中有 99% 的可能表示正面极性，有中性的可能性是 0.9%，而负面的可能性是 0.1%。

2.3.3 模型推断

要估计模型参数 Π、Θ 和 Φ，需要计算后验分布 $P(z, l | B)$，即给定词对集合 B，其主题 z 和情感标签 l 的条件概率。直接计算此概率比较困难，本书采用 Gibbs 采样方法进行近似推断。Gibbs 采样的全条件概率分布计算公式如下：

$$P\left(l_t = l, z_t = k \mid \boldsymbol{B}, \boldsymbol{z}_{-t}, \boldsymbol{l}_{-t}\right) \propto \frac{P\left(\boldsymbol{B} \mid z, l\right)}{P\left(\boldsymbol{B}_{-t} \mid z_{-t}, \boldsymbol{l}_{-t}\right)} \cdot \frac{P\left(z \mid l\right)}{P\left(z_{-t} \mid \boldsymbol{l}_{-t}\right)} \cdot \frac{P\left(l\right)}{P\left(\boldsymbol{l}_{-t}\right)} \tag{2.2}$$

式（2.2）中第一部分的分子，通过对 φ 积分，可以得到

$$P\left(\boldsymbol{B} \mid l, z\right) = \prod_{l=1}^{S} \prod_{k=1}^{T} \frac{\Gamma\left(V\beta_{k,l}\right)}{\Gamma\left(\beta_{k,l}\right)^V} \frac{\prod_{i=1}^{V} \Gamma\left(N_{k,l,i} + \beta_{k,l,i}\right)}{\Gamma\left(\sum_{i=1}^{V} N_{k,l,i} + V\beta_{k,l}\right)} \tag{2.3}$$

第二部分的分子，同样可以通过对 π 积分，可以得到

$$P\left(z \mid l\right) = \prod_{l=1}^{S} \frac{\Gamma\left(T\alpha_l\right)}{\Gamma\left(\alpha_l\right)^T} \frac{\prod_{k=1}^{T} \Gamma\left(N_{k,l} + \alpha_{k,l}\right)}{\Gamma\left(\sum_{k=1}^{T} N_{k,l} + T\alpha_l\right)} \tag{2.4}$$

第三部分的分子，通过对 θ 积分，可以得到

$$P\left(l\right) = \prod_{d=1}^{D} \frac{\Gamma\left(S\gamma\right)}{\Gamma\left(\gamma_l\right)^S} \frac{\prod_{l=1}^{S} \Gamma\left(N'_{d,l} + \gamma_l\right)}{\Gamma\left(\sum_{l=1}^{S} N'_{d,l} + S\gamma\right)} \tag{2.5}$$

通过类似的处理方式，三个分母也可以变换后得到：

$$P\left(\boldsymbol{B}_{-t} \mid \boldsymbol{l}_{-t}, z_{-t}\right) = \prod_{l=1}^{S} \prod_{k=1}^{T} \frac{\Gamma\left(V\beta_{k,l}\right)}{\Gamma\left(\beta_{k,l}\right)^V} \frac{\prod_{i=1}^{V} \Gamma\left(\{N_{k,l,i}\}_{-t} + \beta_{k,l,i}\right)}{\Gamma\left(\sum_{i=1}^{V} \{N_{k,l,i}\}_{-t} + V\beta_{k,l}\right)} \tag{2.6}$$

$$P(\boldsymbol{z}_{-t} \mid \boldsymbol{l}_{-t}) = \prod_{l=1}^{S} \frac{\Gamma(T\alpha_l)}{\Gamma(\alpha_l)^T} \frac{\prod_{k=1}^{T} \Gamma(\{N_{k,l}\}_{-t} + \alpha_{k,l})}{\Gamma\left(\sum_{k=1}^{T} \{N_{k,l}\}_{-t} + T\alpha_l\right)} \tag{2.7}$$

$$P(\boldsymbol{l}_{-t}) = \prod_{d=1}^{D} \frac{\Gamma(S\gamma)}{\Gamma(\gamma_l)^S} \frac{\prod_{l=1}^{S} \Gamma(\{N'_{d,l}\}_{-t} + \gamma_l)}{\Gamma\left(\sum_{l=1}^{S} \{N'_{d,l}\}_{-t} + S\gamma\right)} \tag{2.8}$$

通过式（2.3）～式（2.8）替换式（2.2）中对应的部分，然后利用 Gamma 函数的性质，可以推导出 Gibbs 采样每次迭代中的条件概率分布：

$$P(l_t = l, z_t = k \mid \boldsymbol{B}, \boldsymbol{l}_{-t}, \boldsymbol{z}_{-t}) \propto \frac{(\{N_{k,l,w_{i,1}}\}_{-t} + \beta)(\{N_{k,l,w_{i,2}}\}_{-t} + \beta)}{(\{N_{k,l}\}_{-t} + V\beta + 1)(\{N_{k,l}\}_{-t} + V\beta)} \frac{(\{N_{k,l}\}_{-t} + \alpha_{k,l})}{(\{N_k\}_{-t} + T\alpha_l)} \frac{(\{N'_{d,l}\}_{-t} + \gamma_l)}{(\{N'_d\}_{-t} + S\gamma)}$$

$$\tag{2.9}$$

给定词对集合 $\boldsymbol{B}$ 与其对应的主题 z、情感标签 l，以及超参 α、β 和 γ，可以利用 Bayesian 规则和 Dirichlet 共轭特性，推断出三个参数 φ、θ 和 π 的值：

$$\theta_{k,l} = \frac{N_{k,l} + \alpha}{N_l + T\alpha} \tag{2.10}$$

$$\varphi_{k,l,i} = \frac{N_{k,l,i} + \beta}{N_{k,l} + V\beta} \tag{2.11}$$

$$\pi_{d,l} = \frac{N'_{d,l} + \gamma_l}{N'_d + S\gamma_l} \tag{2.12}$$

2.3.4 推断文档的情感极性和主题

WSTM 没有建模文档的生成过程，模型本身没有统计文档的情感和主题分布。因此，本书提供一个必要的步骤来近似估计这两个分布。由于建模过程中学习到了每篇文档的情感分布 $\pi_{d,l}$，本书用如下公式近似估计文档 d 的情感极性：

$$L_d = \arg\max_{l \in L} \pi_{d,l} \tag{2.13}$$

对于每一词的主题，由于生成过程是基于词对、基于模型学习到的参数，本书通过贝叶斯规则变换来计算文档 d 中词 w_i 的主题 z：

$$P(z \mid w_i) = \frac{\sum_B P(z \mid b) P(w_i \mid b)}{\sum_B P(w_i \mid b)} \tag{2.14}$$

其中，

$$P(z \mid b) = \frac{\sum_l P_d(l) P(z \mid l) P(w_i \mid l, z) P(w_j \mid l, z)}{\sum_z (\sum_l P_d(l) P(z \mid l) P(w_i \mid l, z) P(w_j \mid l, z))} \tag{2.15}$$

其中，文档的情感分布 $P_d(l) = \pi_{d,l}$，$P(z|l) = \theta_{k,l}$ 和 $P(w_i|l,z) = \varphi_{k,l,i}$。同样可以近似估计词 w 的情感极性：

$$P(l|w_i) = \frac{\sum_M P_d(l) P(w_i|m)}{\sum_M P(w_i|m)} \qquad (2.16)$$

其中，$P(w_i|m)$ 为词 w_i 出现在句子 m 中的概率。

2.4 实验及分析

2.4.1 数据集

本书使用两个社交媒体评论文本数据集来验证本书的方法。第一个笔记本电脑产品评论数据集来自京东网[①]，另一个手机产品评论数据集来自IT168[②]网站。预处理的步骤包括中文分词，移除标点、数字和去停用词。最终得到的评测数据集的详细统计数据如表2.2所示。在实验中，本书随机选择其中50%样本作为开发集来调整参数，另外50%用作测试集。

表2.2 语料统计信息

	文档平均词数	评论数	词汇表大小	正面评论数	负面评论数
笔记本	20	3 988	7 964	1 993	1 995
手机	32	2 289	8 787	1 146	1 143

2.4.2 情感词典

情感词典的作用是提供必要的情感知识，本书使用知网（HowNet）[③]情感词典为 WSTM 模型提供先验情感信息，用于影响先验参数 β。知网情感词典包含的正面和负面词汇数量相当，大约都是 5 000 个。

---

① http://www.360buy.com

② http://product.it168.com

③ http://www.keenage.com/html/c_index.html

2.4.3　对比方法和参数设置

由于词汇主题识别很难进行定量对比，本书在 2.4.4 进行了定性分析。同时，本书选择三个代表性的方法进行定量对比。

基线方法是基于简单的各种极性的情感词汇数量比例统计，其中词汇的极性直接从情感词典获取，词汇数量多的极性视为文档的极性。另两个方法 JST 和 ASUM 在相关工作部分已经详细介绍。

在实验中，所有的对比方法均使用其原始论文中的超参值。WSTM 模型的参数 α 的值设置为 0.03、γ 的值为 0.02。非对称参数 β 的基本因子 β_0 的值设置为 0.05。

2.4.4　实验结果

1. 主题发现

本书设计了三个评估任务：主题发现、情感相关的主题发现和文档级的情感极性分类。

主题发现是主题模型的一个主要任务，在本书的任务中评价目标可以视作讨论的主题。通过在开发集上的调试发现主题数目为 15 时，效果较好，因此在测试集上沿用此设置。表 2.3 和表 2.4 分别是京东笔记本和 IT168 手机两个评论数据集上发现的主题词对比。

为了便于理解实验结果，本书对识别出的每一个主题人工给出一个描述标签。本书只列举出每一个数据集中的 5 个样例主题，每个主题取前 15 个词（按概率逆序排列）。可以看到：①每一个主题列表下的词很好地与产品的某一个属性（aspect）相关联；②这些词有较好的主题内部连贯性，例如表 2.3 中的第一列大概是关于电池，通过列表中的词，本书可以直接推测出该款笔记本的"电池"可使用较"长""时间"，"续航"能力"不错"。

表 2.3　笔记本数据集中发现的部分主题词列表

WSTM			BTM			LDA		
电池	外观	散热性	电池	外观	散热性	电池	外观	散热性
电池	钢琴	散热	电池	太	散热	电池	容易	好
小时	漂亮	热	时间	容易	好	小时	指纹	散热

WSTM			BTM			LDA		
时间	指纹	好	小时	指纹	不错	时间	外壳	声音
长	烤漆	温度	键盘	键盘	电池	长	钢琴	风扇
比较	键盘	烫	比较	烤漆	度	续航	烤漆	小
续航	好	CPU	长	比较	热	比较	表面	温度
使用	屏幕	硬盘	好	不错	温度	使用	亮点	热
好	外壳	机器	不错	外壳	声音	键盘	感觉	运行
不错	容易	比较	使用	钢琴	使用	小巧	说	轻
小	呵呵	风扇	续航	屏幕	CPU	芯	屏幕	时

表 2.4　手机数据集中发现的部分主题词列表

WSTM			BTM			LDA		
媒体播放	拍照	屏幕	媒体播放	拍照	屏幕	媒体播放	拍照	屏幕
播放	拍摄	屏幕	MP3	像素	屏幕	支持	效果	屏幕
好	功能	好	播放	摄像头	色	MP3	摄像头	显示
速度	屏幕	不错	耳机	拍摄	显示	播放	像素	比较
不错	支持	感觉	效果	数码	TFT	内存	拍照	色彩
电脑	像素	显示	好	手机	效果	蓝牙	照片	色
手机	材质	色	音乐	支持	色彩	卡	拍摄	清晰
支持	效果	效果	听	倍	手机	格式	拍	高
影音	照片	设计	功能	效果	好	扩展	数码	铃声
处理器	拍照	色彩	不错	相机	26万	文件	相机	方便
格式	摄像头	TFT	比较	拍照	像素	视频	倍	TFT

　　以上是对主题发现的定性分析，本书同样对发现的主题词进行定量评估。对于主题模型的量化评估仍然是一个开放研究课题[116]，Xie 等人[117]提出了一个合理的基于人工判断的评估方法 CM(coherence measure)。本书沿用 CM 方法评估

本书的实验结果。由 4 个标注员对每个主题中的前 10 个候选词进行评判。标注员先判断一个主题是否能够抽象出一个可理解的话题。如果不可以理解，那么 10 个词都被标记为不相关。否则，标注员依次判断每一个词是否和主题内容相关。CM 则定义为主题内的相关词数目与候选词总数的比率。本书在每个数据集中选择 10 个随机主题进行评估。评估结果如表 2.5 和表 2.6 所示。

表 2.5　笔记本数据集上的 CM 值 (%) 评估结果

方　法	标注员 1	标注员 2	标注员 3	标注员 4	平均值
LDA	58	50	60	56	56
BTM	70	66	75	72	70.75
WSTM	71	64	73	69	69.25

表 2.6　手机数据集上的 CM 值 (%) 评估结果

方　法	标注员 1	标注员 2	标注员 3	标注员 4	平均值
LDA	69	65	71	74	69.75
BTM	76	74	81	81	78
WSTM	73	72	80	78	75.75

2. 情感相关的主题发现

本实验是同时对观点极性和词的主题进行分类。识别出的带有观点信息的主题包含很多有用的信息，如哪个主题是得到了用户正面或者负面的评论，为什么某个主题会收到很多的负面评价。

表 2.7　WSTM 发现的部分观点相关的主题词列表

笔记本					手　机				
正面			负面		正面			负面	
屏幕	做工	散热性	做工	售后	功能	按键	铃音	售后	速度
LED	好	散热	双面胶	问题	功能	按键	铃声	修	慢

笔记本					手　机				
正面			负面		正面			负面	
效果	做工	CPU	发现	京东	游戏	手感	首	差	速度
屏幕	感觉	度	键盘	出现	部分	设计	支持	坏	反应
好	不错	温度	粘	坏	强大	感觉	动听	月	太
屏	键盘	硬盘	差	本本	内置	好	丰富	维修	手机
主流	品牌	好	明显	屏幕	MP3	操作	下载	售后服务	操作
显示	强	不错	装	退换	支持	容易	手机	换	按键
色彩	质量	高	螺丝	现象	效果	不错	清脆	服务	卡
识别	手感	左右	太	换	压缩	使用	悦耳	时间	开机
游戏	设计	键盘	缝隙	更换	图片	太	音乐	使用	机子

如表 2.7 所示，针对每个数据集，本书列举了 3 个正面和 2 个负面观点主题。以笔记本数据集为例，发现的主题观点信息可以用来为一些问题提供答案。比如，为何屏幕得到正面评价？根据列表中的词不难回答此问题——主流屏幕、显示色彩效果好，适合玩游戏。同一个主题可能同时有正面和负面极性，如笔记本的做工，因为品牌的质量和良好结实的设计而得到正面评价，因为键盘用双面胶粘贴及缝隙和松动的屏幕而收到负面评价。

3. 文档级的观点极性分类

这里讨论 WSTM 模型情感极性识别的定量评估结果。对于每一个数据集，其中的每条评论都有一个二元情感标签（正面和负面）。识别出来的情感极性准确率对比结果如表 2.8 所示。为了公平比较，在情感极性准确率的比较实验中，本书统一设置所有情感主题模型的主题数目为 15。主题数目对于情感分类的影响如图 2.4 所示。随着主题数目的增加，识别性能有一些波动，但 WSTM 模型的总体性能都要高于其他两个主题模型。其中，JST 模型受主题数目的影响不大，而 WSTM 和 ASUM 波动较大，主要原因如下：① JST 模型中每个词的主题可以不同，主题数目不同只是划分粒度粗细的差异，不影响其情感识别效果；② ASUM 假设每个句子有相同的主题，WSTM 假设一个词对有相同的主题，主题对应的是若干个词（来自词对或者句子）的共性话题，因此这两个模型对主题数设置比较敏感。

表 2.8　情感极性识别结果（主题数目设置为 15）

	基线	JST	ASUM	WSTM
笔记本	0.637 645	0.506 77	0.577 54	0.654 98
手机	0.602 188	0.536 98	0.436 94	0.657 31

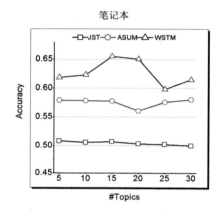 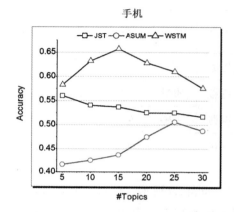

图 2.4　主题数目对三个主题模型情感识别性能的影响

2.5　本章小结

　　本章提出了一个弱监督的用于产品评论分析的短文本情感主题联合模型 WSTM。此模型联合建模情感和主题，目的是应对社交媒体中的文本稀疏性，从模型本身尽量减小其负面影响。本章的 WSTM 模型将整个评论文本语料用一个新的词对集合的方式来表示。主题模型的生成过程是以新的词对集合为基础，对集合中的词对进行采样，此方式能有效地识别出词共现模式中的主题和情感信息。通过与已有方法的实验对比评估表明，WSTM 模型在两个真实数据集上可以识别出高质量的观点主题，还能更准确地对观点极性分类。

第 3 章 利用有约束 K-Means 聚类进行评价目标短语分组

3.1 引言

面向方面的观点分析（aspect-level opinion mining）是观点分析的一个重要子任务，吸引了很多学者进行深入研究。[2][64][96][118] 对于这个任务，一个必要的步骤就是先识别和分组评价目标（方面）。但需要面临一个挑战，即人们会使用不同的词/短语来表示同一个评价目标。

为了便于理解，本书先明确两个概念：评价目标短语和评价目标。评价目标是指产品的某一个被评价方面；评价目标短语是一个在评论文本中实际出现的用来表示某一个评价目标的词或者短语。例如，一个评价目标"图像"可以有其他的表达形式，如"照片""图片"。一个分组中的所有评价目标短语用于指示同一个评价目标。因此，评价目标短语分组是面向方面的观点分析的一个必备工作。

本书假设所有的评价目标短语已经采用相关方法进行识别 [13][119-123]，重点关注领域同义评价目标短语的分组 ①。

---

① 学术界另一种做法是采用主题模型来联合进行评价目标短语的识别和分组，不过此方法需要大规模的领域语料，本书将在第 3.5 节讨论。

3.1.1　基于上下文信息的评价目标短语表示方法分析

S1：the screen is bright, easy to see in the daylight.

S2：the picture is clear, bright and sharp and the sound is good.

S3：you could take a picture of a stone glinting in the sun and still avoid the shining glaze.

图 3.1　真实评论语料中的句子片断

目前已有的方法主要利用目标短语的上下文信息作为分组依据，第一章已经讨论过此类方法的不足。给定如图 3.1 所示的句子片断 ①，对于它们采用的窗口上下文选择方法，如果设置窗口大小为 $t=4$，对于句子 S2 可以获取适当的上下文，但无法获取句子 S3 完整的上下文，因此不能同时适合句子 S2 和 S3。同时，句子 S2 中的两个评价目标短语具有类似的上下文及词频。目标短语 "picture" 的上下文是 {picture, clear, bright, sharp, good}，"sound" 的上下文是 {clear, bright, sharp, sound, good}。

如果使用 (picture, clear, bright, sharp, sound, good) 来表示向量空间模型中的 6 个维度，那么句子 S2 中 "picture" 和 "sound" 的向量表示结果会很相似：<1,1,1,1,0,1>,<0,1,1,1,1,1>。

针对已有方法的不足，本书提出新的上下文表示方法以获得评价目标短语更合理的特征表示，其中上下文加权方法本质上是一个基于词嵌入（word embedding）的语义相关性度量方法。本书假设评价目标短语的上下文词语与这个目标短语之间的语义相关性要高于与其他目标短语的语义相关性，并提出一种新的上下文抽取和表示方法。具体而言，就是选取目标短语周围的所有词语作为上下文特征词，并且采用每个词语与目标短语之间的语义相关性分值作为其特征权重。例如，对于句子 S2 中的两个目标短语 "picture" 和 "sound"，可以获得如下的向量表示形式：<1,0.51,0.53,0.57,0.43,0.44>,<0.43,0.40,0.34,0.35,1,0.54>。

其中，每一维的权重是目标短语与上下词语间的语义相关性分数，语义相关性分数是基于词嵌入向量表示进行计算的。

另外，先验约束知识作为一种重要的线索，可以提高目标短语分组的效果。但是已有的方法 [60-62] 主要利用目标短语间的语言形态学关系和同义关系来学习

---

① 由于本章采用的研究语料为公认的标准英文评论分析语料，因此例子中均采用语料中的真实英文评论句子。

Must-Link（ML）约束，此类约束中有两个样本点，两个点应该分组到同一个类簇中，如 "battery life" 和 "battery power"，"image" 和 "picture" 都是 ML 约束。然而，基于无监督学习获取的知识通常包含噪音无效数据。因此，这些方法允许在聚类过程中将受约束的点重新分配到新的类簇。换言之，这些约束只是提供了一个初始化的簇分配，随后每个约束都可以被打破。本书认为，当约束强度足够大的时候，就不允许被打破。例如，对于手机评论领域，大强度约束对 "battery life" 和 "battery power" 应该分配到同一个簇，而约束对 "signal quality" 和 "picture quality" 可以分配到不同的簇。

因此，本书提出了 FC-Kmeans（Flexible-Constrained K-Means）算法，该算法中每一个 ML 约束有一个置信度（degree of belief），FC-Kmeans 确保满足置信度高于某一个指定阈值的约束不被打破。换言之，该方法中的点对约束关系值不再是 0 或者 1，而是一个实数值，形式如下：

$$ml_1 =< picture, picture\ quality, 0.85 >$$

$$ml_2 =< signal\ quality, picture\ quality, 0.55 >$$

其中，本书使用一个三元组 $< a_i, a_j, d >$ 来表示一个约束，a_i 和 a_j 分别表示第 i 个和第 j 个评价目标短语，d 是一个实数，用来表示约束的置信度。当指定阈值为 0.7 时，约束 ml_1 必须被满足，而约束 ml_2 允许被打破。然而，在一个领域中，一个约束强度很大，当这个约束出现在另一个领域中时，它可能变弱。因此，在本书的方法中，置信度是上下文敏感的。

3.1.2　本章的研究内容

基于前文的分析，本章提出灵活约束的 K-Means 聚类算法及其对应的基于语义相关性的加权上下文表示方法。此方法包含两部分：①一种加权的评价目标上下文表示方法，此法能够很好地利用最新的神经语言模型和大规模的外部普通 web 文本语料；②一种能够编码约束强度的灵活约束的 FC-KMeans（Flexiable-Constrained K-Means）算法，此方法能够确保满足置信度大于指定阈值的约束。本章通过真实数据集上的实验，证明了提出的方法在处理评价目标分组问题上的有效性。

3.2 相关研究介绍

近十年来，文档级别和句子级别的观点分析技术已经有了长足的进展。尽管能够满足很多情形下的应用要求，但仍有很多不足之处。因此，Hu 等人提出从观点文本中抽取实体的特征（方面）并将用户对各特征和实体的观点做概要综述（摘要）。此项工作首次提出了方面级别的观点分析，其目标是获取更细粒度的观点。事实上，在评论文本中，被评价实体往往就是产品本身。因此，对于评论文本中的方面级别的观点分析，只需要先抽取出产品的各个方面（评价目标），然后检测每个评价目标上的用户观点极性。

评价目标的抽取可以看作一个序列标记问题（sequential labelling problem），许多工作采用基于隐马尔科夫（Hidden Markov Models，HMM）和条件随机场（Conditional Random Fields，CRF）的方法处理此问题。[49][119][124-125] 同时，有许多工作研究评价目标短语的分组，这也是一个必要的步骤。比如，一些基于主题模型的工作，联合进行评价目标短语的抽取和分组。[59][62][65-66][69][126-127] 其实，这些方法主要用于发现粗粒度的评价目标组，而不是识别每个句子中的评价目标短语本身。此外，Zhai 等人 [61] 的研究工作表明，即使采用预定义的知识，基于主题模型的工作仍不能取得性能上的更大突破。

另一部分工作则主要关注评价目标短语分组任务本身，它们假设所有的评价目标短语已经识别出来，本书的方法也属于此类。代表性的工作，如 Zhai 等人 [60] 采用基于 EM 算法的半监督学习来聚类目标短语，他们使用了词汇知识来更好地对 EM 算法进行初始化。与前面的工作相比，他们的后续工作 [61] 进一步增强了词汇相似度的计算方法，并且不需要任何预标记样本。Zhao 等人 [64] 则提出后验正则化框架来处理此问题，其方法将评论文本中的情感分布一致性形式化为软约束。本书的实验验证中，只与 Zhai 等人 [61]（标记为 L-EM）的工作进行定量对比。因为文献 [60] 要求标记数据，文献 [64] 则需要半结构化的评论文本来估计情感分布。

本书的方法中，还需要利用词嵌入方法学习向量表示。词嵌入（word embedding）也称为分布式文本表示（distributed word representation），其典型的学习方法是神经语言模型，此类模型采用神经网络作为预测模型。相关文献 [128-130] 提出不同的模型来提高词嵌入的学习性能和效率。特别是 Pennington

等人[131]提出的 Glove 模型，此模型是一个新的全局对数双线性回归（global log-bilinear regression）模型，能够用来进行无监督的词表示学习。它能够利用词共现矩阵中的非零元素的统计信息进行有效训练。在本书的方法中，采用 Glove 作为词表示学习方法来进行语义相关度的计算。

本书的工作也是一种半监督的聚类算法，普通的半监督聚类主要使用两种类型的约束：必须连接（must-link，ML）和不能连接（cannot-link，CL）。早期，Wagstaff 等人[132]引入 ML 和 CL 约束到 K-means 算法而提出了 Cop-Kmeans，在其聚类过程中所有的约束都不允许被打破。另一个典型方法由 Basu 等人[133]提出，他们利用少量的标记样本来初始化生成 K-Means 算法的聚类中心，迭代过程中不再约束各样本的分组。在本书的方法中，只使用 ML 类型的约束，FC-Kmenas 对其定义进行了放松，将约束值设定为实数而不再是传统的 0 或者 1。另一部分工作[134-136]考虑了平衡聚类问题（可以视为大小约束），它们限制了每个类簇中的实例样本的数目为固定值。在本书的 CC-Kmeans 算法中，约束类簇的容量而不是类簇的样本数量，容量反映的是样本的权重。通过实验分析，本书证明提出的约束 Kmeans 算法的性能水平优于普通的半监督算法。

3.3　灵活约束的 K-Means 算法

3.3.1　方法总体架构

本书提出的评价目标短语分组方法的一个简要架构描述如图 3.2 所示。每个评价目标短语的原始上下文主要通过聚集此目标短语出现的句子中的所有词语形成。为了进一步获取上下文权重，本书基于大规模的普通 web 语料学习出一个词向量列表，使用的 web 语料通过爬虫程序从互联网抓取。随后，基于词向量计算目标短语与其每个上下文词语的语义相关度作为权重项。FC-Kmeans 算法的另一个输入-ML 集合则是依据目标短语间的词法形态关系和同义关系构建的。与已有方法不同，本方法的 ML 集合中，点对约束值是一个实数。上述处理完成后，目标短语的加权上下文和 ML 集合作为输入，采用 FC-Kmeans 算法对所有目标短语进行分组。下面先介绍加权上下文表示方法，然后阐述 FC-Kmeans 算法流程和 ML 约束的构建过程。

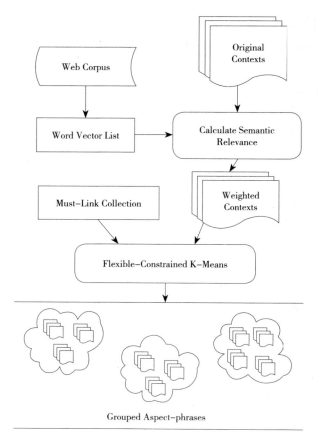

图 3.2 分组方法总体架构

3.3.2 评价目标短语的上下文加权表示方法

与传统的方法一样，本书也采用目标短语的分布式上下文作为分组过程中的样本特征。在一个目标短语的上下文提取过程中，先去除停用词和其他目标短语，然后收集一个文本窗口 $[-t,t]$ 中的词语，也就是说目标短语前面的和后面的 t 个词都会加入其上下文集合中。例如，在图 3.1 中，句子 S1 包含目标短语"screen"，当设置窗口大小为 $t=4$ 时，"screen"上下文是 {bright, screen, easy, see, daylight}，其中"the""is""to"和"in"作为停用词被移除。

与已有方法相比，本书的方法有两点不同：①本书采用评价目标短语所在句子中所有的词形成上下文；②本书采用基于词嵌入表示的方法来计算目标短语与其上下词语的语义相关度，并使用此相似度值对上下文进行加权。如果使

用 C_i 表示目标短语 a_i 的上下文，则用 S_{ij} 来表示包含 a_i 的句子。在本书方法中，认为一个句子 S_i 中的每个词 w_{in} 都是用来分组聚类目标短语 a_i 的线索，但是 w_{in} 的权重不是简单的词频，而是使用以下公式来计算：

$$weight(w_{in}) = tf(w_{in}, C_i) * rel(w_{in}, a_i) \qquad (3.1)$$

其中，$rel(w_{in}, a_i)$ 是 a_i 和 w_{in} 之间的语义相关度，$tf(w_{in}, C_i)$ 是词 w_{in} 在 C_i 中出现的次数。

上下文的形成比较容易做到，即从移除停用词的句子 S_i 中聚集词语形成 C_i。因此，关键问题就是计算语义相关度 $rel(\cdot)$。一种自然的做法是采用向量空间模型来表示每个词，然后计算向量空间中词之间的相似度作为语义相关度。不过，本书采用另一种做法，利用最新的的词嵌入学习方法 GloVe[131] 从普通 web 语料中学习词表示。GloVe 本质上是一个采用加权最小二乘目标的对数双线性模型，此模型的主要意图是拟合一个简单的观察，即词共现的概率比例能够编码某种形式的意义（具体细节请参考文献 [131]）。在获取到词嵌入向量列表后，本书使用余弦相似度计算两个词间的距离，并定义 a_i 和 w_{in} 之间的语义相关性为

$$rel(a_i, w_{in}) = \frac{vec(a_i), vec(w_{in})}{\| vec(a_i) \| \| vec(w_{in}) \|} \qquad (3.2)$$

其中，$vec(\cdot)$ 表示由 GloVe 学习到的词嵌入向量，$<\cdot,\cdot>$ 指两个向量的内积，$\|\cdot\|$ 表示向量的 L_2 范式。

以句子 S2 为例，本方法获取到的目标短语 "picture" 的特征向量为 $<1*1, 1*0.51, 1*0.53, 1*0.57, \underline{1*0.43}, 1*0.44>$，其中目标短语 "sound" 也作为目标短语 "picture" 的一个特征，如向量的第 4 维所示。一个直观的解释是两个目标短语 "picture" 和 "sound" 具有语义相关性，当人们讨论目标短语 "picture" 的时候很可能也会提到 "sound"。

3.3.3　FC-Kmeans 算法

在 FC-Kmeans 算法中，本书将二元的 ML 约束值扩展到实数范围内的置信区间，并将此约束集成到 K-Means 算法的聚类框架中，并且采用用户指定的阈值作为必须满足的约束强度的最小边界。对于 FC-Kmeans，第一步是构建 ML 约束集。与已有的方法一样，本书采用目标短语间的词法形态关系和同义关系构建约束，还提供一个后续的步骤去估计点对约束的置信度。这些点对约束是从目标短语集合中抽取出来的，主要基于以下两方面自然语言知识：

（1）如果两个目标短语包含有共享词，如 "signal quality" 和 "signal"，那么它们可能属于同一个分组。

（2）如果两个目标短语在某个词典（WordNet）中是同义词，如"picture"和"image"，那么它们可能属于同一个分组。

本书选择同义词是根据两个目标短语间的 WordNet 相似度，如果相似度大于一个阈值，则认为是同义词。WordNet 相似度的计算根据公式（3.5）。

$$Res(w_1, w_2) = IC(LCS(w_1, w_2)) \tag{3.3}$$

$$IC(w) = -logP(w) \tag{3.4}$$

$$Jcn(w_1, w_2) = \frac{1}{IC(w_1) + IC(w_2) - 2 \times Res(w_1, w_2)} \tag{3.5}$$

其中，LCS (lease common subsumer) 是两个词所表示的概念的最低层公共祖先概念。[137] $P(w)$ 是概念词 w 的概率。本书的实验中阈值设置为 0.85。尽管本书使用 WordNet 来计算相似度，但其他词典也可以用来计算。比如，BableNet，它是一个非常大的范围覆盖多语言的语义网络[138]，可以用来替换 WordNet 进行相似度计算。

由于 ML 约束是从语料中半监督学习得到的，可以形容其为"好用但不完美"，因此已有的方法允许在分组聚类过程中打破这些约束。但是，本书认为在得到的 ML 集中有一些高质量的约束。所以，本书提出采用置信度 d 来估计约束的质量。传统的 ML 约束可以表示成 $<a_i, a_j, 1>$，本书的 ML 约束则表示为 $<a_i, a_j, d>$。对于本章的聚类问题，ML 集合是从目标短语的语言特性推导出来的，可以表示为 $sim(a_i, a_j)$。同时，目标短语的分布式上下文是度量目标短语间关系的另一个重要线索。因此，本书提出利用词汇知识和上下文相似度的一个线性组合来估计置信度：

$$d = \lambda sim(a_i, a_j) + (1 - \lambda)\frac{c_i, c_j}{\| c_i \| \| c_j \|} \tag{3.6}$$

其中，c_i 和 c_j 分别是第 i 个和第 j 个目标短语的上下文向量，λ 是一个平衡词汇知识的控制参数，本书实验中设置为 0.4。当聚类评价目标短语时，对于置信度 d 的阈值 t 由用户来指定。如果一个约束的置信度 d 大于 t，这个约束就是一个"强约束"，并且此约束在聚类过程中必须被满足。

本书给出一个具体的实例说明如何使用置信度来区分同义词在不同领域的差异。如图 3.3 所示，对于同一个目标短语"picture"，它在不同领域有着不同的同义词。在本书的模型中，对不同领域使用不同的阈值，如 t_1 和 t_2 来区分同义词。对于相机的评论，两个目标短语"photo"和"picture"的 ML 约束置信度是 0.68，"image"和"picture"的置信度是 0.61，这两对约束的置信度都大于 t_1，因此，"photo"和"image"都是"picture"的同义词，而"movie"不是"picture"

的同义词。同样，对于电影评论，"movie""photo"和"image"都是"picture"的同义词。

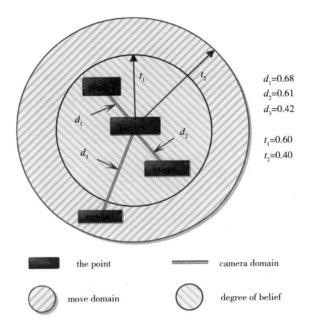

$d_1=0.68$
$d_2=0.61$
$d_3=0.42$

$t_1=0.60$
$t_2=0.40$

the point
move domain

camera domain
degree of belief

图 3.3　一个置信度实例

　　然而，ML 作为点对约束具有转移性，即如果有两个强 ML 约束 $<a_i,a_j,\cdot>$ 和 $<a_j,a_k,\cdot>$，那么可以推断出另一个 ML 约束 $<a_j,a_k,\cdot>$。换言之，a_i，a_j 和 a_k 三个样本点应该被分配到同一个类簇。但离它们最近的类簇有可能完全不同。比如，G_1 是离目标短语 a_1 最近的类簇，G_2 和 G_3 分别是目标短语 a_2 和 a_3 最近的类簇，在这样的情形下，算法必须决定这三个样本点 a_1，a_2 和 a_3 分配到哪一个类簇。本书提出了一个直观有效的方法来处理这个问题。先选择所有的强约束构成一个集合 SC，然后通过转移闭包运算，将其变换得到一个相等的集合 $M=\{m_1,m_2,\cdots,m_r\}$。集合 M 中的元素两不相交，并且满足下面的特性：对于每个集合 $m_i=\{v_1,v_2,\cdots,v_p\}$，其中 $1\leqslant i\leqslant r$，v_p 表示目标短语，如集合 $\{a_1,a_2,a_3\}$ 就是一个具体形式，m_i 中所有的点都必须在同一个类簇中。随后，算法将 m_i 视为一个虚拟样本点，并且定义 m_i 和某个类簇 k 的中心间的距离为

$$dist_{ik}=\min\{d_{jk}|1\leqslant j\leqslant p\} \tag{3.7}$$

其中，d_{jk} 表示 v_j 和类簇 G_k 的中心间的余弦相似度。

Algorithm 1: Flexible-Constrained K-Means

Input:

k：聚类的数目

t：用户提供的阈值

A：小评价目标短语列表

C：MIL 约束集合

Output：k 个聚类簇 $G=\{G_1, G_2..., G_k\}$

1 给定 $g_1, g_2,\cdots, g_k$ 为初始的聚类中心；

2 Let $SC \leftarrow 0$;   /* 保存强约束集 */

3 for $c \in C$ do

4   if $c.d \geq t$ then   /* $c= \langle a_i, a_j, d \rangle$ */

5       $SC \leftarrow SC \cap \{c\}$;

6 定义 M 为 SC 的转移闭包的计算结果；

7 while 不满足 $K\text{-}Means$ 算法的收效条件 do

8   for $a \in A \| a \notin C$ do

9   指派 a 到其距离最近的类簇 G_i；

10   for $m \in M$ do

11   通过公式 (3.7) 计算到每一个聚类中心的距离；

12   for $v \in V$ do

13   指派 v 到其距离最近的类簇 G_i；

14   对每个类族 G_i，根据其中包含的所有样本点 a_j 来更新聚类中心；

15 return G

图 3.4　Flexible-Constrained K-Means

由于评价目标短语分组是一个无监督的聚类问题，与已有的聚类方法一样，本书假设聚类的数目由用户进行指定。本书的方法与标准 K-Means 算法流程相似，如图 3.4 所示，其输入由以下几部分组成：聚类数目 k，置信度阈值 t，待分组的目标短语样本点列表 A。输出是得到的 k 个类簇。先算法初始化 k 个聚类的中心（第 1 行），然后构建强约束集 SC，此集合中只包含置信度 d 大于指定阈值 t 的那些约束（第 2 ~ 5 行）。接下来，计算强约束集 SC 的转移闭包 M（第 6 行）。最后是一个迭代运行过程，直到算法满足收敛条件（第 7 ~ 14 行）。其中，普通的样本点和虚拟的样本点分别进行处理。对于普通样本点（单个目标短语），本书先采用普通的 K-Means 对其进行聚类（第 8 ~ 9 行）。对于虚拟样本点 m，先通过公式（3.7）计算其到每一个聚类中心的距离（第 11 行），然后将最小距离的类簇指定给 m 所包含的每一个目标短语 v（第 12 ~ 13 行）。经过这一系列过程后，所有聚类中心点进行更新计算（第 14 行）。最后，算法返回稳定的聚类结果集合 $G = \{G_1, G_2,\cdots, G_k\}$。

3.4 实验

本节主要对提出的方法进行评估,并与相关方法进行对比,分析参数调整过程。

3.4.1 数据准备

在本书的实验中采用两类数据集:①四个领域产品的用户评论数据集(Customer Review Datasets,CRD)[13]:数码相机(DC)、DVD 播放机(DVD)、MP3 播放机(MP3)和手机(PHONE);②来自 SemEval-2015[①] 和 SemEval-2016[②] 国际评测的面向方面的观点分析任务中的餐馆评论数据集,分别标记为 REST15 和 REST16。对于 CRD 数据集,每一个评价目标短语的所属的分组标签是手工标记的,标记结果的一致性 *kappa* 值是 0.73。对于其中一小部分标签无法协商统一的样本,则由第三人做额外的评判。对于 SemEval 任务的数据集,有两个领域:餐馆和笔记本电脑。然而,只有餐馆评论数据有目标短语标签,因此本书的实验中选用餐馆数据集。[③] 数据集的统计信息如表 3.1 和表 3.2 所示。在本书的实验中,采用 50% 的随机样本做参数调整,另外 50% 做测试。

表3.1 CRD 评论语料数据统计信息(# 表示数量)

Domain	#Sentences	#Aspect–phrases	#Aspect
DC	330	141	14

---

① http://alt.qcri.org/semeval2015/task12/

② http://alt.qcri.org/semeval2016/task5/

③ 实际上,SemEval 任务的设计与本书的任务不完全相同。它们的目标是识别句子中的评价目标(实体–属性对)。对于每一个句子,需要识别其包含的目标方面(即使文本中没有显式地提到任一个目标,也需要用"NULL"来表示)。在本书的工作中,聚类所有已经识别出的目标短语到相应的分组,本书主要关注对分组的准确划分。当采用 SemEval 数据集作为评估数据时,实际上进行了一些预处理,如移除"NULL"值、分类每一个目标短语的类标签。因此,本书使用的最终数据是 SemEval 任务的一个子集。也是这个原因,本书没有与参与 SemEval 评测的其他系统进行对比。

Domain	#Sentences	#Aspect-phrases	#Aspect
DVD	247	109	10
MP3	581	183	10
PHONE	231	102	12

表 3.2　SemEval 评论语料统计信息（# 表示数量）

Domain	#Sentences	#Aspect-phrases	#Aspect
REST15	1117	527	6
REST16	2288	946	6

3.4.2　评估方法

　　由于本任务是一个聚类问题，所以实验中采用聚类评估的 4 个常用方法，分别是 Purity, Entropy, Normalized Mutual Information and Rand Index。给定一个数据集 D 和黄金标准划分 $G = \{g_1, g_2, \cdots, g_k\}$，其中 k 是给定的聚类数目。一个聚类算法需要将 D 划分成 k 个不相交的子集 $D_1, D_2, \cdots, D_k$。

　　Purity：Purity 是指被正确划分的样本在群组中所占的比例，即一个群组成员中所包含的来自黄金标准划分中某一个簇的比例，可以通过公式（3.8）进行计算，其中 $p_i(g_i)$ 是群组 g_i 在 D_i 中的比例，整个样本集合的总体 purity 则通过公式（3.9）进行计算。

$$purity(D_i) = \max_i P_i(g_i) \tag{3.8}$$

$$purity_{total} = \sum_{i=1}^{n} \frac{|D_i|}{|D|} purity(D_i) \tag{3.9}$$

　　Entropy：Entropy 主要用于衡量一个类簇中来自各个分组中的样本点的混合程度。一个类簇的 entropy 通过公式（3.10）进行计算，整个样本集的聚类结果则通过公式（3.11）进行计算。

$$entropy(D_i) = -\sum_{j=1}^{k} P_i(g_i) \log P_i(g_i) \tag{3.10}$$

$$entropy_{total} = \sum_{i=1}^{k} \frac{|D_i|}{|D|} entropy(D_i) \tag{3.11}$$

NMI：Normalized Mutual Information(NMI) 用于度量聚类结果与黄金标准间的相符度。NMI 的定义如公式（3.12）

$$NMI(G,D) = \frac{MI(G,D)}{\max(entropy(G), entropy(D))}$$ （3.12）

其中 $MI(G,D)$ 的计算是通过

$$MI(G,D) = \sum_{g \in G; d \in D} p(g,d) \log \frac{p(g,d)}{p(g)p(d)}$$ （3.13）

RI：Rand Index(RI) 用来判断类簇中的两个点是否正确地划分到一个组。如果聚类方法与黄金标准对一个样本对划分一致，则认为是好的划分。定义 TP 表示集合 G 与 D 中划分一致的样本对的数量，TN 表示在集合 G 中属于一个类簇而在集合 D 中属于不同的类簇的样本对数量，FP 表示在集合 G 中属于不同的类簇而在集合 D 中属于同一个类簇的样本对数量，FN 表示在集合 G 和 D 中均不属于同一个类簇的样本对数量，那么 RI 可以通过如下公式计算：

$$RI = \frac{TP+TN}{TP+TN+FP+FN}$$ （3.14）

3.4.3　基线方法与实验设置

本书提出的 FC-Kmeans 算法与一系列已有方法进行对比，所有的这些方法都是基于上下文的模型。本书简要列出这些对比方法各自的思想。[①]

L-EM：这是一个经典的无监督的用于目标短语分组的方法，它利用语汇知识为 EM 算法提供一组更好的初始化中心点。

Kmeans：一个最流行的聚类算法，它基于样本特征表示的分布相似度，其相似度是采用余弦值，特征加权方法是词频（Term Frequency，TF）。

C-Kmeans：此方法是基于 Kmeans，但提供了一组必须满足的来自词汇知识的约束。

W-Kmeans：此方法也是基于 Kmeans，但目标短语特征是采用本书提供的加权上下文表示的。

CW-Kmeans：此方法是 C-Kmeans 和 W-Kmeans 的结合体，其中目标短语表示是采用加权上下文，并且所有的约束必须被满足。

由于所有的基于 Kmeans 的算法依赖于初始化点的选择，本书将 10 次运行

[①]　基于主题模型的方法是另一类经典的解决方案，此类方法需要大规模的领域辅助语料。由于本书的方法针对小规模语料，并且辅助训练的 web 语料是领域无关的，因此无法在本书的数据集上与主题模型方法进行公平的对比。

结果的平均值作为最终评估结果。对于 L–EM 算法，实验中采用与原始论文相同的参数设置。

3.4.4 评估结果

这里展示了提出的方法与 5 个基线方法的对比实验结果。所有的对比结果如表 3.3、表 3.4 和表 3.5 所示。其中 W–Kmeans 和 CW–Kmeans 使用了本书提出的加权上下文表示方法，表 3.3 中的 avg 表示 4 个领域的平均结果。对于 Entropy 而言，结果值越小性能越好，但是对于 Purity，NMI 和 RI 是值越大性能越好。

表 3.3　在 CRD 数据集上的对比结果（虚线以下的方法都采用了本书提出的部分或者全部方法）

(a) Purity

	DC	DVD	MP3	PHONE	avg
L–EM	0.392 857**	0.452 528**	0.286 667**	0.376 471**	0.377 130 75**
Kmeans	0.419 643**	0.413 793**	0.260 000**	0.376 471**	0.367 476 75**
C–Kmeans	0.410 714**	0.471 264*	0.306 667**	0.403 529*	0.398 043 50**
W–Kmeans	0.455 357**	0.413 793**	0.300 000**	0.400 000**	0.392 287 50**
CW–Kmeans	0.508 929~	0.471 264*	0.306 667**	0.376 471**	0.415 832 75**
FC–Kmeans	0.491 071	0.494 253	0.360 000	0.411 765	0.439 272 25

(b)Entropy

	DC	DVD	MP3	PHONE	avg
L–EM	2.377 254**	1.895 629*	2.603 609**	2.197 380**	2.268 468 00**
Kmeans	2.049 228**	2.121 276**	2.599 757**	2.323 000**	2.273 315 25**
C–Kmeans	2.083 076**	1.880 094*	2.562 295**	2.181 120**	2.176 646 25**
W–Kmeans	2.042 630**	2.163 211**	2.521 393**	2.087 321**	2.203 638 75**
CW–Kmeans	1.920 952**	1.976 702**	2.562 295**	2.079 214**	2.134 790 75**
FC–Kmeans	1.896 578	1.924 800	2.331 755	2.028 788	2.045 480 25

(c) NMI

	DC	DVD	MP3	PHONE	avg
L–EM	0.333 289**	0.403 164**	0.210 720**	0.402 587**	0.337 440 00**
Kmeans	0.381 871**	0.355 836**	0.193 434**	0.385 966**	0.329 276 75**
C–Kmeans	0.378 788**	0.424 603~	0.202 757**	0.443 206**	0.359 838 50**
W–Kmeans	0.391 246**	0.349 976**	0.223 017**	0.440 671**	0.351 227 50**
CW–Kmeans	0.427 707*	0.405 548**	0.202 757**	0.435 153**	0.367 791 25**
FC–Kmeans	0.431 160	0.420 403	0.274 958	0.451 930	0.394 612 75

(d) RI

	DC	DVD	MP3	PHONE	avg
L–EM	0.730 373**	0.823 518~	0.714 899**	0.781 793**	0.762 645 75**
Kmeans	0.832 207*	0.810 211**	0.771 633**	0.701 961**	0.779 003 00**
C–Kmeans	0.817 568**	0.836 407*	0.785 861**	0.672 549**	0.775 596 25**
W–Kmeans	0.827 220**	0.797 113**	0.766 085**	0.762 745**	0.788 290 75**
CW–Kmeans	0.832 851~	0.821 973*	0.785 861**	0.800 280~	0.810 241 25*
FC–Kmeans	0.840 894	0.829 190	0.791 141	0.796 639	0.814 466 00

表 3.4　在 REST15 数据集上的对比结果

	Purity	Entropy	NMI	RI
L–EM	0.630 854**	1.594 878**	0.047 532**	0.556 124**
Kmeans	0.630 854**	1.550 246**	0.064 144**	0.564 114**
C–Kmeans	0.641 873*	1.489 788*	0.094 231**	0.593 595~
W–Kmeans	0.628 099**	1.554 728**	0.065 708**	0.570 431**
CW–Kmeans	0.641 873*	1.471 603~	0.099 951**	0.584 159**
FC–Kmeans	0.658 402	1.474 227	0.112 414	0.594 767

表 3.5　在 REST16 数据集上的对比结果 [tab3:rs3]

	Purity	Entropy	NMI	RI
L-EM	0.609 890*	1.704 772*	0.045 162**	0.553 728**
Kmeans	0.610 989*	1.741 320**	0.037 629**	0.526 699**
C-Kmeans	0.609 890*	1.732 672**	0.049 517**	0.558 063*
W-Kmeans	0.618 681~	1.720 101**	0.050 759**	0.557 192~
CW-Kmeans	0.619 780~	1.672 507~	0.052 107*	0.570 176~
FC-Kmeans	0.617 582	1.659 165	0.054 398	0.580 242

为了检测 FC-Kmeans 与其他方法的评估结果在统计上的显著性，本书进行了点对 t-tests。在表 3.3、表 3.4 和表 3.5 中，**、* 和 ~ 分别表示 p-value < 0.001，p-value < 0.05 和 p-value > 0.05，也就是说结果的差异分别是强显著（strong significant）、显著（significant）和不显著（not significant）。

实验结果显示，FC-Kmeans 方法在 CRD 数据集上 4 个领域的平均效果好于所有的基线方法，CC-Kmeans 方法也在大部分领域取得很好的效果。而在 REST15 和 REST16 两个数据集上，本书方法的大部分结果也好于其他基线方法。当然，有一些方法在某一个领域内取得了更好的效果。以 CRD 数据集为例，C-Kmeans 在 DVD 领域中取得了最好的 Entropy 和 RI 值，CW-Kmeans 在 DC 领域取得了比其他方法更好的 Purity 值。其中的原因可能是 DVD 领域内产生的约束具有更高的质量。所以，由于 C-Kmeans 在聚类时满足了所有的约束，它获取了比其他方法更好的性能。同样的原因，CW-Kmeans 比 FC-Kmeans 在 DC 领域和 REST15 数据集拥有更高质量的约束，取得了更好的效果。事实上，从实验数据上来看，所有优于 FC-Kmeans 的方法，其结果在统计时都是非显著的。

此外，本书还观察得到如下结论：

（1）由于没有使用任何已有的知识，Kmeans 取得很低的性能，这证明仅使用目标短语的分布式上下文信息还远远不够。

（2）C-Kmeans 和 W-Kmeans 取得较好但不是最佳的性能，其中前者利用了先验知识，而后者使用了本书提出的加权上下文。这证明利用先验知识和加权上下文的有效性，但仅单独使用其中的任何一项并不能取得最优性能。

（3）CW-Kmeans 取得了仅次于 FC-Kmeans 的很高的性能。其实 CW-Kmeans 同时利用加权上下文和先验知识。也就是，将加权上下文和词汇知识结合能够提高分组效果。

（4）FC–Kmeans 取得了最佳的分组效果。而 L–EM 和 C–Kmeans 总体居于中等水平，这两者均使用了未加过滤的词汇知识约束，并且可能受到了不可靠的噪声 must–links 对的负面影响。同时，L–EM 中采用的上下文表示方法也限制了其性能。这也反映出本书提出的加权上下文和灵活约束选择方法的优势。

3.4.5　参数的影响

对于 FC–Kmeans 的阈值，本书将阈值按 0.1 的步长从 0 增长到 1，以观察其对 FC–Kmeans 算法的影响。为了更直观容易地观察影响曲线，本书将所有的评估值经过缩放调整到 0% ~ 100%，也就是说，最差的结果为 0%，而最好的结果为 100%。以 DC 领域数据为例，缩放后的实验结果如图 3.5 所示。当阈值设置为 0 时，意味着所有的约束都必须被满足。随着阈值的增长，置信度的下边界越来越大，直到 $t=1$ 表示不采用任何约束。如图 3.4 所示，FC–Kmeans 的性能有一些上下波动，并在 $t=0.4$ 时达到峰值。此现象表明完全服从或者完全不服从来自词汇知识的约束都不可靠，最好的方式是为每个领域的置信度指定一个合适的下边界。

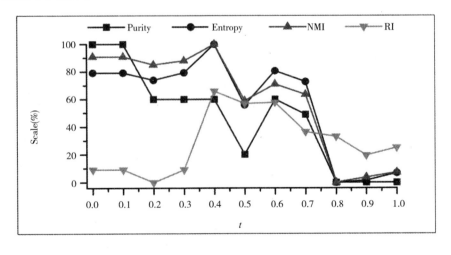

图 3.5　置信度阈值对 FC–Kmeans 的影响

3.5　本章小结

　　本章研究了面向方面的观点分析中评价目标短语的分组问题。对于此分组任务，本章利用最新的神经网络模型来学习词嵌入表示，然后将目标短语的上下文用一种新的加权上下文进行表示，其中加权方法是基于学习到的词嵌入表示间的余弦距离来计算的。同时，本章提出利用词汇知识来学习聚类约束并重新估计其约束的置信度，然后用一个灵活约束的 K-Means 算法解决了带约束的聚类问题。实验结果表示，本章提出的方法优于目前先进的基线方法。在后续的工作中，可以考虑更多基于其他词典（如 BabelNet）的高效的相关度计算方法来加权上下文，并应用于不同语言的产品评论分析。

第 4 章　基于深度度量学习方法
的评价目标短语分组

4.1　引言

上一章已经分析了评价目标分组常用方法的特点，它们主要利用词汇相似度和上下文环境来表示评价目标。聚类过程中，评价目标短语和上下文环境分别用词袋模型（bag-of-word，BoW）表示，最后用一个统一的学习框架来完成分组任务。这种做法的不足之处在于不能显式的建模目标短语与其上下文之间的交互。例如，在评论文本"the picture is clear and sharp and the sound is good"中，两个词"clear"和"sharp"是与目标短语"picture"相关的，而词"good"是与目标短语"sound"相关。传统的方法中，这些词在表示两个目标短语的上下文时并没有明显的区别，因此会给两个目标短语的分组带来噪声信息。

为解决上述问题，本章提出一个基于注意力的深度距离度量学习方法（Attention-based Deep Distance Metric Learning，ADDML），通过并行对称神经网络结构来学习目标短语的表示，学习过程中使用到了注意力（attention）模型[139-141]。如图 4.1 所示，在训练阶段，对于一对给定的目标短语 p_1 和 p_2 及对应的两个上下文 c_1 和 c_2，经过注意力模型的语义学习得到两个向量 x_1 和 x_2，随后进行特征子空间映射得到两个新的表示 $h_1^{(2)}$ 和 $h_2^{(2)}$，最后进行距离度量学习。在测试阶段，对于给定的包含目标短语的句子，单侧神经网络被用来学习目标短语及其上下文的向量表示。对于一个待分组的目标短语，此模型将目标短语出现的所有句子连接到一起作为上下文并将其映射到一个向量表示空间，最后在新的空间完成聚类。由此，目标短语分组问题转化为在新的向量空间中的一个聚类问题。与传统方法的词袋特征空间不同，本模型的向量空间不仅考虑词本身，同时也考虑目标短语与上下文间的相互关系[142]。

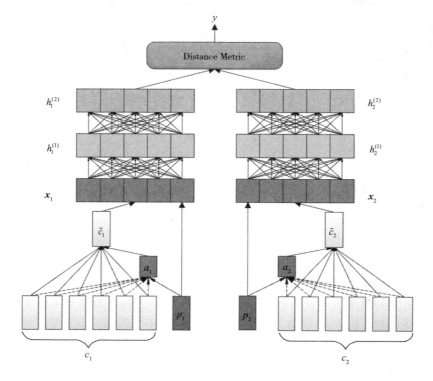

图 4.1　ADDML 模型框架

本章的方法面临一个挑战：如何为神经网络模型提供一个适合的训练方法？受词嵌入训练方法[130-143]启发，本书采用一种负采样的方法训练模型。具体而言，首先将包含相同的目标短语的句子对作为正样本，将包含不相容目标短语的句子对作为负样本，然后最大化正负样本间的分数差值以确保明显的区分度。其中，如果两个目标短语在一个语义词典内的距离大于某一个阈值，则视为不相容。[144-145]

为了得到更好的向量空间表示，本章在组合表示层上增加了两个非线性变换层，如图 4.1 中的 $h^{(1)}$ 和 $h^{(2)}$。此做法与人脸验证的 Mahalanobis 距离度量学习方法[146]类似。模型的训练是通过在所有神经元上进行后向传播来实现的。在学习到的向量空间上，直接采用 K-Mean 算法就可以完成高质量的评价目标分组工作。标准数据集中的实验结果证明，本书提出的方法性能明显优于已有的方法。

4.2　相关研究介绍

本章研究的相关工作包括面向方面的观点分析、度量学习和深度学习。由于第三章已经讨论了面向方面的观点分析的相关工作，所以本节主要概述度量学习方法与深度学习方法。

度量学习（metric learning）方法已经成功地应用于人脸验证问题[146-149]，对文本处理领域有借鉴意义。此类方法的一般目标是学习一个更好的距离度量方案，在学到的度量方案中，一对正样本间的距离会小于一对负样本的距离。然而，这些方法并没有进行非线性变换以处理复杂的样本空间。因此，Hu 等[146]利用一个多层感知机进行非线性变换，不过其给定的输入是可以直接表示成特征的图片描述符。本书采用了度量学习方法处理目标短语分组问题，并提出一个基于注意力的语义组合模型，该模型在目标短语词向量和上下文表示向量的基础上，组合得到合理的样本特征表示。

本章的方法与词嵌入（word embedding）和深度学习（deep learning）关系紧密。近期的研究工作[128-130]提出不同的模型来训练词嵌入向量，本章的训练方法也是启发自这些工作中使用的负采样方法（negative sampling）。深度学习方法[139][141][150-151]已成功应用于各种 NLP 任务。本章提出基于注意力（attention-based）的方法[139-141]与多层感知机深度学习网络来处理评价目标短语分组问题。

4.3　深度距离度量学习方法

本章提出的模型主要解决两个问题：①用一个固定长度的向量表示细粒度的语义信息（目标短语与其上下文的组合）；②提供一个非线性变换方法来学习特征子空间，且在子空间中组内目标短语的距离小于组间目标短语的距离。在4.3.1 节首先讨论基于注意力的语义组合模型，然后在 4.3.2 节描述基于多层感知机的非线性变换模型，这两部分内容分别用于解决问题①和问题②。

4.3.1 基于注意力的语义组合模型

此模型的目的是学习目标短语和上下文的语义表示。对于评价目标分组任务，同一个上下文会频繁地被一个或者多个目标短语共用。例如，在"the picture is clear and sharp and the sound is good"中，两个不同的目标短语"picture"和"sound"都被提到，这两个目标短语共用一个上下文。本书采用一个基于注意力的神经语义组合模型来学习上下文词汇与目标短语间的权重关系，并用这种权重来表示上下文。具体而言，当给定一个词向量 e_i，此向量可以映射到词嵌入矩阵 $L_w \in \mathbb{R}^{d \times |V|}$，其中 d 是词向量的维度，$|V|$ 是词汇表的大小。所有的词向量 e_i 都可以随机地按一个分布进行初始化，随后在后向传播的过程中进行更新。另一个方法是使用预定义的向量作为初始值，这些预定义的向量是通过词嵌入学习方法从文本语料中学习得到的。在本书的实验中，采用后一种方法。给定 $c = \{e_i \mid e_i \in \mathbb{R}^{l \times 1}\}_{i=1,2,\ldots,n}$ 表示上下文中的 n 个输入词，其中 l 是原始文本的维度（长度）。本书利用一个线性层来组合原始的上下文向量 c 和注意力权重 a 来生成关注的上下文表示：

$$\tilde{c} = f_w(c, a) \qquad (4.1)$$

其中，f_w 是加权平均函数。

此做法的目的是，在计算上下文向量 $\tilde{c}$ 时，给上下文中不同的词赋予不同的权重。权重 $a \in \mathbb{R}^{n \times 1}$ 是一个变长注意力向量，其长度等于上下文中词的数量。其值计算公式如下：

$$a(e_i) = \frac{\exp(score(e_i, p))}{\sum_{i'} \exp(score(e_{i'}, p))} \qquad (4.2)$$

其中 $score(e_i, p) = W_a[e_i; p]$，$W_a \in \mathbb{R}^{2*d \times 1}$ 是需要学习的模型参数。尽管上下文的长度是不同的，本模型可以使用一个固定长度的参数 W_a，加权每个词 e_i 相对于目标短语 p 的权重。最终，针对各种长度的上下文中的目标短语，可以得到一个固定长度的向量。

4.3.2 基于多层感知机的非线性变换模型

在得到基于注意力的上下文之后，本书利用一个基于多层感知机的非线性变换模型来学习特征子空间，用于最终的目标短语聚类。尽管 $\tilde{c}$ 是根据目标短语进行了加权表示，目标短语 p 本身仍然是一个用于分组的重要信息源。因此，本书将上下文 $\tilde{c}$ 和目标短语 p 连接得到向量 x 作为多层感知机的输入。

本模型是基于一个 Mahalanobis 距离度量学习方法 [146] 的变体，其形式化定义如下：给定一个训练集 $X = \{x_i \mid x_i \in \mathbf{R}^{d \times 1}\}_{i=1,2,\cdots,m}$，其中 x_i 是第 i 个训练样本，m 是训练集的大小。模型目标是找到一个线性变换 W，经过此变换后，任意两个样本 x_i 和 x_j 的距离可以按如下公式计算：

$$d_w\left(x_i, x_j\right) = \|Wx_i - Wx_j\|_2 \qquad (4.3)$$

其中，W 是 Mahalanobis 距离中的协方差矩阵 M 的替代变量，$\|A\|_2$ 表示 A 的 L_2 范式。W 与 M 的关系可以表示为

$$M = W^T W \qquad (4.4)$$

进一步，公式（4.3）可以变换为

$$
\begin{aligned}
d_w\left(x_i, x_j\right) &= \|Wx_i - Wx_j\|_2 \\
&= \sqrt{\left(x_i - x_j\right)^T W^T W \left(x_i - x_j\right)} \\
&= \sqrt{\left(x_i - x_j\right)^T M \left(x_i - x_j\right)}
\end{aligned}
\qquad (4.5)
$$

公式（4.5）是 x_i 和 x_j 之间的 Mahalanobis 距离的普通形式。因此，公式（4.3）既是两个样本在线性变换后的空间中的欧氏距离，也是原始空间中的 Mahalanobis 距离。变换 Wx 可以用一个普通的函数 g 来替换。当 g 为非线性函数时，就可以得到 Mahalanobis 距离的非线性变换形式。与文献 [146] 一样，本书模型中使用平方欧氏距离进行计算：

$$d_g^2\left(x_i, x_j\right) = \|g\left(x_i\right) - g\left(x_j\right)\|_2^2 \qquad (4.6)$$

如图 4.1 所示，本书采用层级非线性映射将样本投影到特征子空间。此框架是一个并行多层感知机网络，其顶层输出最终的样本表示。假设网络有 M 层，在第 m 层有 $k^{(m)}$ 个神经元，其中 $m = 1, 2, \cdots, M$。对于一个给定的目标短语 x，其第一层的输出是

$$h^{(1)} = f_a\left(W^{(1)}x + b^{(1)}\right) \in \mathbb{R}^{k^{(2)}} \qquad (4.7)$$

其中，权重矩阵 $W^{(1)} \in \mathbb{R}^{k^{(2)} \times k^{(1)}}$ 可以看作一个非线性映射变换，$b^{(1)} \in \mathbb{R}^{k^{(2)}}$ 是一个偏置向量，$f_a : \mathbb{R} \mapsto \mathbb{R}$ 是一个非线性激活函数。

随后，第一层的输出 $h^{(1)}$ 作为第二层的输入。第二层的输出计算公式如下：

$$h^{(2)} = f_a\left(W^{(2)}h^{(1)} + b^{(2)}\right) \in \mathbb{R}^{k^{(3)}} \qquad (4.8)$$

其中，$W^{(2)} \in \mathbb{R}^{k^{(3)} \times k^{(2)}}$，$b^{(2)}$ 和 f_a 分别是第二层的投影矩阵、偏置向量和非线性激活函数。

最终，顶层的输出计算公式为

$$h^{(M)} = f_a\left(W^{(M)}h^{(M-1)} + b^{(M)}\right) \in \mathbb{R}^L \qquad (4.9)$$

其中，L 是输出向量的维度。

给定一对目标短语样本 x_i 和 x_j，指定 $g(x_i) = h_i^{(M)}$ 和 $g(x_j) = h_j^{(M)}$，函数 g 表示一个层级非线性变换，样本对经过 g 包含的 M 层的深度网络映射到一个特征子空间。使用公式（4.6）可以计算样本对在新的特征子空间中的距离。

4.3.3　K-Means 聚类

在分组时，对于给定的文本语料，首先利用并行深度神经网络学习语义表示 $h^{(M)}$，然后直接利用传统的 K-Means 算法对 $h^{(M)}$ 进行聚类。在训练阶段，使用目标短语所在的一个句子作为上下文，目的是获得足够多的训练样本。在测试阶段，将包含目标短语的所有句子连接成上下文进行分组，目的是获得更精确、全面的上下文表示。

4.3.4　模型训练

模型的最终目的是使距离度量方法对目标短语分组更加有效。为此，本书采用一个大边距（large-margin）框架 [152] 来约束此距离。具体而言，包含同一个目标短语的样本对作为正样本实例，包含不相容目标短语的样本对作为负样本实例。

不相容目标短语是通过计算词汇相似度获得的，即语义相似度低的目标短语视为不相容。本书选择 WordNet 作为语义词典，如果 WordNet 相似度小于一个阈值 η，则两个目标短语不相容。相似度计算采用第 3 章介绍的公式（3.5）。传统的方法 [60][62] 是利用词汇知识提供软约束信息，它们假设具有高相似度的目标短语更有可能属于同一个分组。基于此原因，本章使用类似的假设，即具有高相似度的目标短语属于同一分组，具有低相似度的目标短语属于不同的分组。

为了获取训练数据，本章提供一个额外的样本对生成步骤。生成后的样本对中的两个样本分别作为图 4.1 所示的左右两个子网络的输入。具体而言，每一个训练句子和其中已经标识出的目标短语作为一个已标记黄金样本。然后，结合目标短语及其所在的句子形成训练集。例如，给定一个目标短语 p_1 和包含 m 个提到目标短语 p_1 的句子集合 $S^1 = \{s_1^1, s_2^1, \cdots, s_m^1\}$，那么可以构建 m 个训练样本 $\{p_1 \bigcup s_1^1, p_1 \bigcup s_2^1, \cdots, p_1 \bigcup s_m^1\}$。每个样本的分组标签与其目标短语一致，即当 p_1 属于分组 1 时，则所有 $p_1 \bigcup s_i^1$ 有相同的组标签 1。

假设在训练时选中 n 个目标短语，则正样本数是 $\binom{2}{n}$。然后负样本对通过随机选择不相容的目标短语及其上下文形成。为了平衡训练集，本书选择同样数量的负样本。

在训练目标函数中，正样本 $(l_{ij}=1)$ 间的距离 $d_g^2(x_i, x_j)$ 小于一个小的阈值 t_1，负样本 $(l_{ij}=-1)$ 间的距离大于一个大的阈值 t_2，其中 l_{ij} 表示样本对 x_i 和 x_j 相似或者不相似，且 $t_2 > t_1$。此约束可以形式化为

$$l_{ij}\left(t - d_g^2\left(x_i, x_j\right)\right) > 1 \tag{4.10}$$

其中，$t_1 = t-1$，$t_2 = t+1$，且 $t > 1$。公式（4.10）限定了 $d_g^2(x_i, x_j)$ 的最大间距，且 t 大于 1。

在训练阶段，每个目标短语对必须满足公式（4.10）的约束条件。给定 $\omega = 1 - l_{ij}\left(t - d_g^2\left(x_i, x_j\right)\right)$，模型最小化以下目标函数：

$\small J = \frac{1}{2}\sum_{i,j} \sigma (\omega) + \frac{\lambda}{2} \sum_{m=1}^M (\left \|W^{(m)} \right \|\_F^2 + \left \|b^{(m)} \right \|\_2^2), \label{obj}$

$$J = \frac{1}{2}\sum_{i,j} \sigma(\omega) + \frac{\lambda}{2}\sum_{m=1}^{M}\left(W^{(m)2}_{F} + b^{(m)2}_{2}\right) \tag{4.11}$$

其中，$\sigma(\omega) = \dfrac{1}{\beta}\log\left(1 + \exp(\beta\omega)\right)$ 是泛化的逻辑斯谛（logistic）损失函数，本质上是合页损失（hinge loss）$E(z) = \max(0, z)$ 的一个平滑近似值。β 是锐度参数（sharpness parameter），λ 是正则参数，W_F^2 表示矩阵 W 的 Frobenius 范式。

公式（4.11）中的最小化问题可以通过随机梯度下降方法解决。本书采用后向传播方法训练网络，其中词向量的维度设置为 200，输出维度设置为 50。线性层的参数初始化采用通用的初始化方法[153]。感知机网络采用 3 层结构并在隐藏层采用 50% 的 dropout 防止过拟合。实验中，激活函数采用 tanh，阈值 t、正则化参数 λ 和学习率 μ 分别设置为 3、0.002 和 0.03。

4.4　实验评估

4.4.1　数据准备

本书仍然采用第 3 章使用的数据集来评估提出的方法。此数据集基于 Customer Review Datasets (CRD) 数据集[13]，主要有 4 个不同领域的数据：数码相机（DC）、DVD 播放机（DVD）、MP3 播放机（MP3）和手机（PHONE）。实验中，数据集随机划分为 3 个部分：30% 训练，50% 测试，20% 开发。统计信息如表 4.1 所示。

表 4.1　评论语料统计信息

	DC	DVD	MP3	PHONE
#Sentences	330	247	581	231
#Aspect Phrases	141	109	183	102
#Aspects	14	10	10	12
#Pairs	19 163	11 211	64 945	8 855

注：# 表示数量。

4.4.2　预训练词向量

本书采用 Glove[①] 工具来预训练词向量，参数设置同参考文献 [131]。对于词向量的训练来讲，评测语料太小，因此本书使用 Amazon Product Review Data[154] 作为辅助训练语料。词向量的维度是 200，训练语料中没有出现的词则进行随机初始化。

4.4.3　评估方法

本章与第 3 章针对同一个任务，因此评估方法与第 3 章节相同，分别为 Purity、Entropy、NMI 和 RI，具体细节请参见小节 3.4.2。

4.4.4　对比方法及其设置

与提出的 ADDML 方法进行对比的方法主要分为两类：①已有的最新方法；②基线神经网络方法。

第一类方法[②]中，除 Kmeans 以外，所有的方法都用到了标记数据，这些标记数据是通过共享词约束以及 WordNet 相似度生成的[③]。

Kmeans：最流行的基于分布相似度的聚类算法，距离度量采用基于词袋特征表示的余弦距离。

DF-LDA：狄利克雷森林先验（Dirichlet Forest Prior）与 LDA 的结合体，

---

① http://nlp.stanford.edu/projects/glove/
② 因为训练集中的标签与测试集中的标签无关，因此无法用来训练有监督的分类器。
③ 标记数据的生成方法参见文献。

此模型能够编码领域知识到主题－词多项式分布的先验中 [155]。① 实验中使用的代码来自作者网站。②

L-EM：针对此任务提出了最新的半监督学习算法 [61]。L-EM 利用词汇知识来为 EM 算法提供一个更好的初始化值。

第二类词嵌入组合方法利用各种不同的组合策略来得到样本向量。最终的聚类方法是在词嵌入表示的基础上，基于余弦距离的 K-Means 算法。这些方法如下：

AVG/MIN/MAX+MLP 分别采用所有上下文的每一维向量的平均 / 最小 / 最大值拼接成上下文向量，然后再将目标短语 p 和 $\tilde{c}$ 上下文拼接成样本向量。

AP 仅使用目标短语向量（不使用上下文）来完成聚类。

由于所有基于 K-Means 的方法效果都与随机初始化值相关，本章采用 10 次运算结果的平均值作为最终结果。对于 L-EM 算法，本章采用原始论文中相同的参数设置。

4.4.5 实验结果

本节展示了 ADDML 与 7 个方法在 4 个领域的对比结果，如表 4.2 至表 4.5 所示，其中 avg 表示 4 个领域的平均结果。根据方法的类型，实验结果分成两组。ADDML 方法在整个数据集上的平均效果上胜过所有的对比方法。此外，本节还观察得到如下结论：

（1）对于第一组方法，L-EM 的效果好于其他同类方法，此方法利用了外部知识和约束达到了更好的性能。然而，提出的 ADDML 方法使用加权的上下文表示和距离度量学习，其性能胜过了所有的对比方法。

（2）对于第二组方法，它们采用词嵌入来表示词的语义和文本组合语义。然而，由于不同的组合策略，这些方法取得了参差不齐的结果。其中，神经词袋平均算法 AVG 在总体结果上好于其他同类方法，此方法使用每个上下文词表示的语义平均值。这种平均操作也是在其他神经网络模型中常用的做法，如 CNN（Convolution Neural Network）。然而，由于其任务无关特性，此方法仍然

---

① 还有其他基于 LDA 的方法，如 Constrained LDA 等。尽管使用了 CRD 数据集进行测试，Constrained LDA 实际上还利用了爬取到的同领域的辅助语料来增加数据集。因此，本章无法与其发表的实验结果进行直接对比。并且由于 DF-LDA 更有效果且适合于小数据集，所以本章采用 DF-LDA 作为此类方法的代表进行对比。

② http://pages.cs.wisc.edu/~andrzeje/research/df_lda.html

比针对此任务的 ADDML 算法略逊一筹。

表 4.2　对比结果（Purity）

	Purity				
	DC	DVD	MP3	PHONE	avg
Kmeans	0.407 9	0.392 2	0.350 9	0.333 3	0.371 1
DF–LDA	0.436 5	0.436 2	0.346 7	0.432 9	0.413 2
L–EM	0.460 5	0.470 6	0.333 3	0.456 1	0.430 1
AVG	0.508 9	0.448 3	0.366 7	0.494 1	0.454 5
MIN	0.455 4	0.321 8	0.360 0	0.411 8	0.387 2
MAX	0.455 4	0.356 3	0.366 7	0.435 3	0.403 4
AP	0.419 6	0.425 3	0.360 0	0.458 8	0.415 9
ADDML	0.565 8	0.509 8	0.368 4	0.614 3	0.514 6

表 4.3　对比结果（Entropy）

	Entropy				
	DC	DVD	MP3	PHONE	avg
Kmeans	2.262 7	2.005 6	2.286 2	2.589 4	2.286 0
DF–LDA	2.135 5	1.970 5	2.205 4	2.387 5	2.174 7
L–EM	2.045 1	1.914 5	2.242 7	1.895 2	2.024 4
AVG	1.720 3	2.175 9	2.203 0	1.703 9	1.950 8
MIN	2.105 5	2.547 9	2.659 8	2.215 8	2.382 2
MAX	2.123 0	2.444 0	2.603 6	2.174 4	2.336 3
AP	2.181 6	2.207 4	2.308 7	1.994 6	2.173 1
ADDML	1.711 9	1.804 3	2.127 4	1.328 2	1.742 9

表 4.4 对比结果（NMI）

	NMI				
	DC	DVD	MP3	PHONE	avg
Kmeans	0.335 6	0.292 7	0.185 1	0.233 5	0.261 7
DF–LDA	0.402 6	0.323 8	0.193 8	0.313 3	0.308 3
L–EM	0.433 7	0.416 9	0.203 8	0.415 6	0.367 5
AVG	0.509 9	0.360 8	0.246 2	0.540 2	0.414 3
MIN	0.452 8	0.282 7	0.225 3	0.440 2	0.350 2
MAX	0.4467 7	0.325 8	0.248 7	0.460 6	0.370 5
AP	0.418 8	0.370 5	0.259 6	0.470 1	0.379 7
ADDML	0.513 3	0.417 2	0.240 1	0.596 4	0.441 7

表 4.5 对比结果（RI）

	RI				
	DC	DVD	MP3	PHONE	avg
Kmeans	0.789 5	0.749 8	0.705 5	0.602 8	0.711 9
DF–LDA	0.779 0	0.728 0	0.697 5	0.704 5	0.727 3
L–EM	0.774 7	0.769 4	0.690 4	0.802 6	0.759 3
AVG	0.813 4	0.799 5	0.730 8	0.849 0	0.798 2
MIN	0.736 0	0.531 4	0.508 4	0.668 3	0.611 0
MAX	0.736 5	0.541 0	0.515 0	0.652 1	0.611 2
AP	0.786 7	0.742 9	0.738 7	0.811 5	0.770 0
ADDML	0.845 3	0.801 6	0.735 0	0.844 6	0.806 6

4.4.6　讨论

实例分析：本节对部分样本实例进行了分析，这些实例是 ADDML 方法能够正确分组而其他方法分组错误的。例如，两个评价目标短语"photo quality"和"quality"分别属于组"picture"和"build quality"。大部分对比方法错误地将它们聚类到同一个分组，而 ADDML 正确地完成了分组。这主要有两方面原因：①两个目标短语本身有相似的语义特征和共享词；②评论者通常会使用类似的用词来评价这两个目标短语。针对此问题，ADDML 能够学习到更精确的上下文敏感的向量表示，而其他方法无法区别相似的上下文。图 4.2 给出了上下文词汇的注意力权重值实例，其中包含两个上下文，每个上下文包含两个目标短语。图 4.2 中每个词的权重值是从开发集调试结果中直接取出的，对于不同的目标短语，同一个上下文中的词有不同的权重。为了便于观察，图 4.2 中采用不同的背景色来表示不同的权重，其中大权重对应更深的背景（白色背景表示目标短语本身）。

图 4.2　可视化的加权上下文实例

模型分析：ADDML 算法主要有两个模块：基于注意力的语义组合模块（attention-based semantic composition module，*atn*）和多层感知机非线性变换模块（MLP-based nonlinear transformation module，*mlp*）。为了分析各模块的贡献，将顶层的度量学习部分独立，标记为 *ml*（metric learning），本节还引入了一个普通的卷积神经网络（convolution neural network，*cnn*）模块作为 *atn* 的替代模块。*cnn* 是一种经典的用于句子语义表示的神经网络方法[150][156-157]，它主要通过卷积操作来抽取 n-gram 特征。

表 4.6 至表 4.9 列出了不同模块组合的实验对比结果。本节使用 AP 方法作为参考，此方法仅使用目标短语表示进行聚类。表中的符号表示对应的方法在 AP 基础上 4 个领域平均结果提升的百分点。由于考虑到了上下文，*cnn* + *ml* 和 *atn* + *ml* 的性能优于不使用上下文的 AP 方法。通过增加非线性变换模块后，*cnn* + *mlp* + *ml* 和 *atn* + *mlp* + *ml* 性能进一步提升。并且在其他模块相同的条件下，*atn* 效果好于 *cnn* 的效果。

表 4.6　不同模块的组合结果（Purity）

	Purity					
	DC	DVD	MP3	PHONE	avg	
AP	0.419 6	0.425 3	0.360 0	0.458 8	0.415 9	
cnn + *ml*	0.467 3	0.460 9	0.300 3	0.494 7	0.430 8	3.6%
atn + *ml*	0.460 5	0.470 6	0.307 0	0.508 8	0.436 7	5.0%
cnn + *mlp* + *ml*	0.552 6	0.411 8	0.324 6	0.614 0	0.475 7	14.4%
atn + *mlp* + *ml* (ADDML)	0.565 8	0.509 8	0.368 4	0.614 3	0.514 6	23.7%

表 4.7　不同模块的组合结果（Entropy）

	Entropy					
	DC	DVD	MP3	PHONE	avg	
AP	2.181 6	2.207 4	2.308 7	1.994 6	2.173 1	
cnn + *ml*	1.898 4	1.951 5	2.290 8	1.629 4	1.943 3	10.6%
atn + *ml*	1.847 7	1.815 8	2.266 2	1.517 9	1.861 9	14.3%
cnn + *mlp* + *ml*	1.849 4	1.898 0	2.162 6	1.333 6	1.810 9	16.7%
atn + *mlp* + *ml* (ADDML)	1.711 9	1.804 3	2.127 4	1.328 2	1.742 9	19.8%

表 4.8　不同模块的组合结果（NMI）

	NMI					
	DC	DVD	MP3	PHONE	avg	
AP	0.418 8	0.370 5	0.259 6	0.470 1	0.379 7	
cnn + *ml*	0.451 1	0.354 5	0.225 2	0.518 4	0.387 3	2.0%
atn + *ml*	0.460 5	0.334 5	0.183 4	0.527 7	0.376 5	−0.8%

	NMI					
	DC	DVD	MP3	PHONE	avg	
$cnn+mlp+ml$	0.495 5	0.334 5	0.233 8	0.588 3	0.413 0	8.8%
$atn+mlp+ml$ (ADDML)	0.513 3	0.417 2	0.240 1	0.596 4	0.441 7	16.3%

表 4.9　不同模块的组合结果（RI）

	RI					
	DC	DVD	MP3	PHONE	avg	
AP	0.786 7	0.742 9	0.738 7	0.811 5	0.770 0	
$cnn+ml$	0.667 8	0.747 6	0.706 6	0.819 9	0.767 1	−4.4%
$atn+ml$	0.835 4	0.781 2	0.730 3	0.828 3	0.793 8	3.1%
$cnn+mlp+ml$	0.708 8	0.752 2	0.713 7	0.836 5	0.753 0	−2.2%
$atn+mlp+ml$ (ADDML)	0.845 3	0.801 6	0.735 0	0.844 6	0.806 6	4.8%

在某些领域，目标短语可能有其固定的含义，如 MP3 领域。在这些领域，目标短语与其上下文之间的相互关系并不是十分紧密。因此，单独使用目标短语表示的 AP 方法比其他方法的运行结果好一些，但仍然低于 ADDML 方法。总体而言，atn 模块解决了上下文表示问题，而 $mlp+ml$ 则为提出的方法提供了一种更好的度量学习能力。

相似度阈值：不同的相似度阈值 η 会产生不同的负样本结果，因此对 ADDML 方法的性能有一定的影响。为了得到较好的阈值，本节在开发集上对不同的设定值进行了调试对比。图 4.3 是在 DC 领域数据上的调试结果。可以看到，随着阈值的不断增加，性能缓慢下降，这也符合直观理解 – 相似度越高，目标短语越相似，得到的负样本越不可靠。由于相似度越小，得到的目标短语对越少，相似度越大，目标短语对越不可靠，为了得到足够的负样本且不影响训练效果，本书选择 0.3 作为相似度阈值。

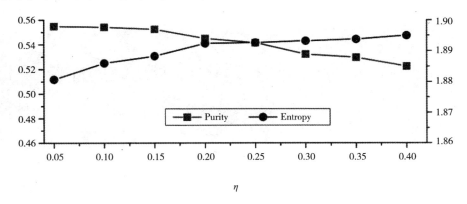

图 4.3　相似度阈值 η 对结果的影响

4.5　本章小结

　　本章研究了基于深度神经网络的距离度量学习方法，用于处理评价目标短语分组问题。通过利用目标短语与其上下文间的语义关系，首先对目标短语样本进行了更合理的特征表示，然后利用非线性变换对样本空间进行了重新映射，并在映射后的子空间中进行距离度量学习。同时，基于词汇语义关系和负采样的思路生成了训练负样本，并用于模型的训练。在标准测试数据集上的实验表明，本章提出的方法性能优于目前已知的最新的目标短语分组方法。此外，ADDML 方法还可以应用于其他 NLP 任务，如短文本聚类、句子相似度度量等。

第5章 基于超图排序算法的观点文本摘要

5.1 引言

　　文本摘要的目的是自动创建文本的简短摘要，可分为单文本和多文本摘要两种。观点文本摘要通常针对大量的观点文本，因此属于多文本摘要。由于同时需要根据用户关心的评价目标提供摘要，所以还考虑用户需求（查询）。综上，本章研究的观点文本摘要属于面向查询的多文本摘要（query-focused multi-document summarization）。这种类型的摘要任务首次发布于 DUC (Document Understanding Conferences)，由于其重要的应用价值，吸引了大量研究者的关注。

　　此类摘要的解决方案主要是基于句子选择，被选中的句子需要代表大部分用户在句子中表达的意思（观点），还要符合用户提出的查询请求。一般而言，选择句子分三个步骤，首先对文本进行分割，然后采用抽取式或者概述式摘要工具来获取一些句子，最后从中选择信息量最大的一部分组成摘要。本章主要关注抽取式方案，即在摘要中使用文本中的原始句子。①

　　对于抽取式摘要，主要策略可以分成若干类别：①基于特征的方法，使用诸如词频、句子位置和长度等特征来对句子排序[158]；②基于图的方法排序句子时，采用随机游走算法，其依据是句子间的关系路径。在摘要中经常使用的

---

① 概述式摘要是通过自然语言生成方法，从一组关键词组合生成句子，由于其可读性低于原始句子，且可读性评估困难，大部分研究工作和应用都倾向于使用抽取式摘要。

图排序方法包括 LexRank[159]、Manifold-Ranking[160]、Hyperlink-Induced Topic Search(HITS)[161] 和 DivRank[162] 等。

对于图排序方法，相关工作 [163-166] 已经证明基于聚类的方法可以有效提高抽取摘要的质量。这类方法关注句子级和类簇级的相似度，以及类簇级别的句子关系。例如，Wang 等 [167-168] 在其工作中使用超图来同时建模句子对间及句子簇之间的关系，并且利用基于超图的重要分值传播方法来排序句子。

一个好的面向查询的摘要需要满足两点：①高的查询相关性；②高概括度和低冗余度。高的查询相关性表明摘要符合查询需求，学者称之为中心性。高概括度和低冗余度表明摘要能够简洁明了地表示文本的内容，学者称之为多样性。本书在第 1 章已经分析了已有方法的不足：第一，基于词共现相似度的选择方法容易将语义相似的句子分开；第二，排序得到的前 K 个句子可能高度相似。例如，两个句子使用了不同的词汇描述类似的意思：

S1: A forest is a large area where trees grow close together.

S2: Woodland is land with a lot of trees.

由于句子 S1 和 S2 共有的词汇很少，已有的基于词共现的方法可能会将 S1 和 S2 划分到不同的主题。然而，人类可以很明显地识别出句子 S1 和 S2 都是描述 "forest"。如果前 K 个句子高度相似，目前已有的方法还需要额外提供一个去重复句子的方法。

为了解决上面提到的问题，本章将句子的概率主题类簇与词汇相似度进行集成，提出了一个基于超图的句子排序方法来达到中心性与多样性的统一。最近，Yin 等 [169] 和 Hennig 等 [170] 提出采用概率潜在语义分析（Probabilistic Latent Semantic Analysis，PLSA）来将文档表示成一个主题与句子类簇的混合体（mixture）。Mei 等 [162] 提出一个在信息网络中的增强型随机游走算法。受这些工作的启发，本章提出基于超图的顶点增强排序框架（Hypergraph-based vertex-rEinforced Ranking Framework，HERF）来处理面向查询的文本摘要任务。

本章提出的方法主要解决两个问题：第一，如何聚类无共享词汇但语义相似的句子到同一个主题下；第二，如何集成冗余移除策略到超图句子排序算法。针对这两个问题，具体的处理方法如下：①提出一个混合方法来构建超图，首先采用 HDP（Hierarchical Dirichlet Process）学习词的主题分布，基于此分布来得到主题聚类，然后利用句子的主题分布与句子共现相似信息建立超图，其中超边表示主题分布，普通边表示共现相似信息；②提出 HERF 框架，采用一个顶点访问次数的变化更新权重的随机游走算法，用于建模查询相似度以及句子的多样性。为了验证提出的方法，本章采用公共的测试集进行了评估验证，结果证明 HERF 效果优于已有的方法和摘要系统。

5.2　相关研究介绍

如 5.1 节所讨论，本书主要研究抽取式摘要算法，主要是通过从语料中抽取出的原始句子组成摘要，而另一种概述式摘要是将从语料中获取的信息重新组合成新的句子再连接成摘要。本书主要采用基于图的方法生成摘要。

很多学者对基于图的摘要算法进行了深入研究。例如，LexRank[159] 算法从句子图中选择有代表性的中心句组成摘要。此算法首先构建无向图时用顶点表示句子，用边表示句子间的相似度，然后利用 PageRank 算法及其变体来计算得到相似图的中心顶点集。另一些工作则利用偏向性 LexRank（biased LexRank）算法完成面向查询的摘要和面向问题回答的段落检索 [171-173]。TextRank[174] 是另一个基于随机游走的图模型，主要用于处理单文档摘要。对于图摘要算法，通常经过三个步骤：图构建、句子排序和摘要生成。下面从这三个方面对已有工作做简要概述。

图构建：很多工作 [160][175-177] 采用与 LexRank[159] 相同的方法来构建无向图。另一部分工作 [163][169][178-179] 除了进一步采用顶点来表示句子外，还用边来表示句子的群组关系。对于群组关系，还有一部分工作 [164-166][180] 采用二层图（two-level graph）或者二部图来建模。本书采用超图来表示句子间的语义关系和词共现关系。

句子排序：当完成图的构建后，一个相应的打分排序算法被用来处理句子。Canhasi 等 [178] 采用原型分析方法（archetypal analysis approach）来计算句子的重要性。Shen 等 [175] 将摘要问题转换为一个图的最小集合覆盖问题，并利用一个近似算法生成摘要。Zhang 等 [163] 在排序算法中综合考虑了术语、句子和类簇之间的交互影响。流行排序（manifold-ranking）算法 [160]、分数传播算法 [166][180] 和集成先验的迭代算法 [169] 等都成功应用于摘要句子排序。特别是随机游走算法及变体应用较广，如 Du 等 [181] 提出有监督的懒惰随机游走算法，用以结合丰富的句子特征和句子图的内部结构进行排序。Wan 等 [165] 提出基于类簇的条件马尔科夫随机游走模型（Conditional Markov Random Walk Model）和一个基于类簇的 HITS 模型排序句子。本书的框架中，使用顶点增强的随机游走过程来排序句子。

摘要生成：本阶段的目的是选择排序后的句子加入摘要文本中。在选择时，需要考虑冗余问题，目的是保证摘要文本中句子间内容的低重复度。应用较多的冗余移除方法是最大边距相关性（Maximal Marginal Relevance，MMR）[166]。此外，Carbonell 等[182]采用一个查询相关性与句子冗余度相结合的准则来选择句子。贪婪算法[164][178]也是一种方案，还可以用于降低信息量低的句子的总体排序级别[165][169][177]。本书的方法则是集成冗余移除机制到句子排序过程中。因此，HERF 只需要提供一个阈值来限制摘要中任意两个句子的相似度不大于该值。

此外，还有一些具有代表性的工作。例如，Celikyilmaz 等[183]结合一个层级主题模型到回归模型中来生成摘要。为了达到随机游走过程中的多样性，Mei 等[162]提出了随时间变化的随机游走过程 DivRank。Baralis 等[184]基于频繁项集建立了一个交互图，并利用一个 PageRank 变体算法来排序和选择句子。Zhao 等[185]对查询部分提出了查询扩充算法来选择句子生成摘要。这些方法都使用了句子与句子之间的关系以及句子与词之间的关系来确定句子的重要程度。

5.3　提出的摘要框架

本节主要讨论提出的摘要框架，包括 4 个部分，如图 5.1 所示。在 HERF 中，首先采用基于 HDP 的方法对句子按主题相似度进行聚类。句子的主题相似度是通过基于 KL 距离（Kullback–Leibler Divergence）的转移半径（transformed radius，TR）进行计算的，其中 KL 距离是基于 HDP 主题模型学习到的词 – 主题概率分布来计算的。然后，基于句子类簇和句子对的语汇相似度构建超图。接下来，用一个顶点增强的排序算法对句子打分，此算法可以同时考虑主题相关性和句子的多样性。最后，通过一个贪婪方法从排好序的句子中选择前 n 个组成摘要。

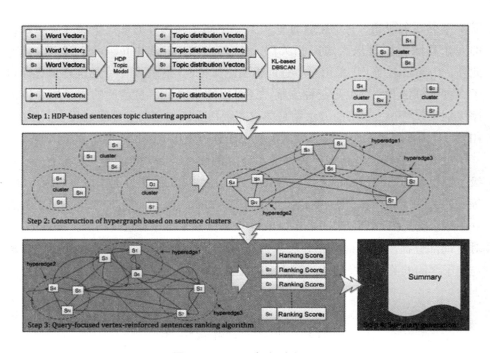

图 5.1　HERF 框架流程图

5.3.1　基于 HDP 的句子主题聚类方法

在传统的方法中，通常先估计句子的主题分布，然后将主话题相似的句子聚类到同一个簇中。在本书的方法中，采用的是句子总体主题分布，而不是单个句子所表达的主话题来分组句子。本书认为，仅使用基于主题分布的方法还不足以选择出有代表性的重要句子，因此本书同时计算句子间基于词汇相似度的余弦距离，并将句子分组与句子相似性两类特征同时集成到超图中。本书利用 HDP[186] 主题模型来表示文档的主题混合特性。选择 HDP 而不选择 LDA[187] 的原因是，HDP 可以自动确定文本的主题数目，而 LDA 需要人为调整参数。如公式（5.1）所示，HDP 中的全局随机概率 G_0 是根据一个狄利克雷过程（Dirichlet Process，DP）采样，其中 γ 是集中性参数，H 是基本的概率度量。公式（5.2）中的概率度量 G_d 是针对一个文档组 d 的一组随机值，一个值对应一个组 j，它是从另一个集中性参数为 α_0、基本概率度量为 G_0 的 DP 中产生的。

$$G_0 \mid \gamma, H \sim DP(\gamma, H) \tag{5.1}$$

$$G_d \mid \alpha_0, G_0 \sim DP(\alpha_0, G_0) \tag{5.2}$$

在 HDP 模型中，每篇文本中采用的单词可以看作一个文档相关的潜在主题的生成物。本书定义一个词向量 $W = w_1, w_2, w_3, \cdots, w_l$，其中 l 是语料中词汇的总数。向量 $z = z_1, z_2, \cdots, z_l$ 定义了每个词对应的主题，其中主题的数目由 HDP 自动确定。经过 HDP 处理后，每个词被指定一个主题标签，但这个主题标签并不能直接用来聚类句子，因为每个句子可能与多个主题相关。因此，在 HERF 框架中，每个句子由一个基于主题集 z 的向量表示 $s = z_{w1}, z_{w2}, \cdots, z_{wn}$，其中 n 是句子的长度。然后，句子属于某个主题 z_i 的概率可以表示成 $p = m_i / n$，其中 m_i 是标签为主题 z_i 的单词数量。如果有两个句子 x 和 y，则可以用句子 – 主题概率分布表示成 $P_x = p_x(z_1), p_x(z_2), \cdots, p_x(z_k)$ 和 $P_y = p_y(z_1), p_y(z_2), \cdots, p_y(z_k)$，其中 k 是主题数目。KL 距离是用来衡量两个分布相似度的很好的方法，但它不是对称的。所以，本书使用基于 KL 距离的转移半径来计算两个句子的相似度[169]，对于两个句子 P_x 和 P_y，其 TR 值计算方式如下：

$$TR(P_x, P_y) = D_{KL}(P_x \| \frac{P_x + P_y}{2}) + D_{KL}(P_y \| \frac{P_x + P_y}{2}) \qquad (5.3)$$

其中，$D_{KL}(P \| Q) = \sum_i \log(P(i) / Q(i)) P(i)$。相似度的计算如下：

$$Sim(P_x, P_y) = 10^{-TR(P_x, P_y)} \qquad (5.4)$$

在计算得到相似度后，本书采用一个 DBSCAN（Density Based Spatial Clustering of Applications with Noise）算法的变体进行句子聚类[167]。DBSCAN 算法可以自动确定聚类数目并能够过滤噪声实例[188]，这也是本书选择此方法的原因。算法有两个参数，Eps 定义搜索半径，MinPts 定义一个类簇中最少的实例数目。在本书的实验中，经验性地设置 MinPts 值为 3, Eps 的值为 0.000 5。如图 5.2 所示，DBSCAN 变体可以自动调整参数 Eps 的值以得到合适的类簇集。

Algorithm 2: DBSCAN 变体

Input: *D*: 句子集 $\{s_0, s_1, s_2, \cdots, s_n\}$，其中 s_0 是查询
Output: *C*: 类簇 $\{c_1, c_2, \cdots, c_i\}$
1 *MinPts* ← 3;
2 Eps ← 0.000 5;
3 *MaxCluster* = |D|;   /* *MaxCluster* 定义最大的类簇中的实例数目 */
4 while *MaxCluster* > |D|/2 do
5 | Eps = Eps– Eps/25;   /* Eps/25 是一个经验值 */
6 | C= DBSCAN(D, Eps, MinPts);
7 | *MaxCluster* = max($|c_j| \| 1 \leqslant j \leqslant i$);

8 return C

图 5.2　DBSCAN 变体

5.3.2 基于主题簇构建超图

超图[189]是一个泛化的普通图，它的超边（普通图中称之为边）可以包含任意数目的顶点，其特点是可以用超边来表示一组具有群组关系的顶点。定义 $G(V,E)$ 为一个超图，其中 V 表示顶点集合，E 表示超边集合。超边 e 是 V 的一个子集，且有 $\bigcup_{e \in E} = V$。一个带权超图表示为 $G(V,E,w)$，其中 $w(e)$ 称为超边 e 的权重。当 $v \in e$ 时，称为超边 e 与 v 顶点关联。超图的关联矩阵可以表示为一个 $|V| \times |E|$ 矩阵 $\boldsymbol{H}$：

$$h(v,e) = \begin{cases} 1 & \text{if } v \in e \\ 0 & \text{if } v \notin e \end{cases} \tag{5.5}$$

顶点与超边的度定义如下：

$$d(v) = \sum_{e \in E} w(e) h(v,e) \tag{5.6}$$

$$\delta(e) = \sum_{v \in V} h(v,e) = |e| \tag{5.7}$$

定义对角矩阵 $\boldsymbol{De}$ 和 $\boldsymbol{Dv}$ 分别表示顶点与超边的度，$\boldsymbol{W}$ 表示超边权重的对角矩阵。

在本书的框架中，通过词 – 主题分布进行句子聚类。在得到类簇之后，接下来就是超图的构建。在超图模型中，每个顶点表示一个句子，而超边则用于建模句子间的两类关系：①句子间的词汇相似度关系；②句子间的主题类簇关系。本书仍然使用句子间的余弦相似度来表示第一类超边的权重。对于第二种类型，超边会包含在同一个主题类簇中的所有顶点，其权重是虚拟文档 $C = s_1, s_2, \cdots, s_i$ 与文档 D 间的余弦距离乘以一个系数 a，其中 s_i 表示类簇中的第 i 个句子，a 用于调节基于类簇的第二类超边的权重。本书的超图构建过程如图 5.3 所示。

```
Algorithm 3: Construct Hypergraph
─────────────────────────────────────────────────

    Input:
    D: 句子集合 {s_1, s_2, ⋯, s_n}，其中 s_0 表示查询
    a: 权重系数
    C: 类簇
    Output:
    H: 超图关联矩阵
    W: 超图权重
    De: 超边的度
    Dv: 顶点的度
1   for 每个句子 s_i in D do
2   │   for 每个句子 s_j(j > i) ∈ D do
3   │   │   if cosine(s_i, s_j) > 0 then
4   │   │   │   增加一条超边 e;
5   │   │   │   W(e) ← cosine(s_i, s_j), De(e) ← 2;
6   │   │   │   H(s_i, e) ← 1, H(s_j, e) ← 1;
7   │   │   │   Dv(s_i) ← Dv(s_i) + cosine(s_i, s_j), Dv(s_i) ← Dv(s_i) + cosine(s_i, s_j)

8   for each cluster c_i in C do
9   │   增加一条超边 e;
10  │   W(e) ← a* cosinne(c_i, D) for 每一个句子 s_j ∈ c_i do
11  │   │   H(s_j, e) ← 1, De(e) ← De(e)+ 1;
12  │   │   Dv(s_j) ← Dv(s_j) + cosinne(c_i, D);

13  return H, W, Dv, De
─────────────────────────────────────────────────
```

图 5.3　超图构建

　　与已有的基于超图的摘要算法 [167-168] 不同，本书有两个贡献：①新的超图构建方法。本书基于词 – 主题分布来聚类句子，可以将语义相似的句子聚类到一个组，即使句子间没有共享词汇，而他们则是基于句子的词汇余弦相似度来聚类。②当进行句子选择时，本书采用顶点增强的随机游走算法来排序句子，而他们使用普通的打分函数来排序句子。本书的方法同时注重句子的中心性与多样性，具体是通过改进的时间变化随机游走过程，而传统的方法仅关注句子的中心性（将在 5.3.3 小节讨论）。在 5.4 小节，本书与上述方法进行实验对比，证明提出方法的有效性。

5.3.3　超图上的顶点增强句子排序算法

　　大部分图排序算法都是基于随机游走。随机游走是一个转移过程，此过程中，漫步者在一个离散时间步内从一个顶点走到另一个相连的顶点。这个过程被建模为，在一个状态集 s = s_1, s_2, ⋯, s_n 上的一个马尔科夫链（Markov chain）M。每一个状态 s_i 对应图 G 中的一个顶点 v，且转移概率定义为 $p(u,v)$。在选择了一个与当前顶点 u 相关联的超边 e 之后，由于超边包含顶点可能超过两个，所以漫步者需要随机选择一个顶点 $v\in e$ [190]。例如，一个具体的行走路线如图 5.1 中曲线所示。在经过初始顶点 S_N 后，漫步者选择了一个基于类簇的路径 hyperedge2，此路径连接了 3 个顶点 S_N、S_4 和 S_5。随后，漫步者选择了其中的顶点 S_4。在经过第二个顶点 S_4 后，漫步者选择一条普通类型的连接 S_4 与 S_3 的超边并走到了 S_3。经过一系列选择及游走，最终路径是 $\{S_N-hyperedge2-S_4-e(S_4,S_3)-S_3-hyperedge1-S_1-e(S_1,S_6)-S_6-e(S_6,S_2)-S_2-e(S_2,S_7)-S_7-e(S_7,S_5)-S_5\}$。在游走算法中，转移概率是决定路径的关键因素。对于超图，普通的转移概率是

$$p(pu,v)=\sum_{e\in\varepsilon(u)}\omega(e)\frac{h(u,e)h(v,e)}{d(u)\delta(e)} \tag{5.8}$$

其中，$\varepsilon(u)$ 是与顶点 u 关联的超边。因此，转移概率矩阵可以表示为 $\boldsymbol{P}=D_v^{-1}HWD_e^{-1}H^T$。在标准的随机游走过程中，漫步者在时间点 T 停留在顶点 u 的概率定义为

$$Q^T(v)=\sum_{(u,v)\in E}p(u,v)Q^{T-1}(u) \tag{5.9}$$

其中，E 是所有包含顶点 v 的超边。在经过 n 个时间步之后达到稳定状态，转移概率 $Q^T(v)$ 停止变化。本书使用 $\pi(v)$ 来表示稳定态的概率分布，其含义是顶点的重要程度。

在大部分随机游走算法中，对应的马尔科夫链是时间同质，其转移概率不随时间而变化。这类算法中的顶点重要性主要关注顶点的中心性而忽略了多样性。例如，采用此类方法排序句子时，前 n 个句子有可能仅集中到有限的几个主题，不能很好地对整个文档集的内容进行全面概述。为了考虑多样性，Mei 等 [162] 提出一个随时间变化的随机游走过程 DivRank，它通过顶点增强来同时平衡顶点的权威性（prestige）和多样性。DivRank 的迭代过程中概率的计算公式如下：

$$Q^T(v)=(1-\lambda)p^*(v)+\lambda\sum_{u\in V}\frac{p(u,v)\cdot N^T(v)}{D^T(u)}Q^{T-1}(u) \tag{5.10}$$

其中，$Q^T(v)$ 表示顶点 v 在时间步 T 的 DivRank 分值，$p^*(v)$ 是顶点 v 的先验分值。$p(u,v)$ 是从顶点 u 到顶点 v 的转移概率值，$N^T(v)$ 表示截止到时间点 T 顶点 v 被访问的次数，以及 $D^T(u)=\sum_{v\in V}p(u,v)N^T(v)$。

在本书的超图模型中，基于 DivRank 思想，提出了改进的算法来计算句子的重要性分值。在 5.4 节，实验结果验证了提出方法的性能较 DivRank 有所提升，

该方法首先将查询相似度实例化为先验分值以拟合面向查询的摘要任务，然后采用句子 s_i 在时间 T 时的打分值 $Score^{T-1}(s_j)$ 作为增强系数（DivRank 中采用访问次数作为增强系数）。该思路的动机是，与查询相似度高的句子应该具有更高的排序分值，即使它们被访问的次数较少。因此，本方法的迭代过程中顶点分数变化如公式（5.11）：

$$score^T(s_i) = (1-\lambda) sim(query, s_i)$$
$$+ \lambda \sum_{j:j \neq i} \frac{p_0(s_j, s_i) \cdot score^{T-1}(s_i)}{D^T(s_j)} score^{T-1}(s_j) \qquad (5.11)$$

其中，$score^T(s_i)$ 是句子 s_i 到时间 T 时的打分值，$sim(query, s_i)$ 是查询 s_0 与句子 s_i 的相似度。参数 λ 是用于控制查询相似度所占的比重，参数的影响将在 5.4.2 小节讨论。$p_0(s_j, s_i)$ 是从句子 s_j 到句子 s_i 的概率值，其计算公式如下：

$$p_0(u,v) = \begin{cases} \mu \cdot p(u,v) & \text{if } u \neq v \\ 1-\mu & \text{if } u = v \end{cases} \qquad (5.12)$$

转移因子 μ 是漫步者移动到其他句子顶点的一个概率值，而 $1-\mu$ 则是停在当前句子顶点的概率（当前顶点被增强）。分母

$$D^T(s_j) = \sum_{s_i \in V} p_0(u,v) score^{T-1}(s_i) \qquad (5.13)$$

$score^{T-1}(s_i)$ 是 $N^T(s_i)$ 的近似值，具体理论分析细节请参考文献 [162]。

在本书的方法中，使用查询相似度来增强随机游走过程中的每个顶点。如公式（5.11）所示，第二项用来确保多样性，它表示从其他句子顶点转移过来的权重值，本书使用最后一个时间点分值作为权重系数。当一些句子顶点表达相似的信息，它们将会有很多相同的邻接句子及转移值。这一项体现的思想就是，随着时间的推移，权重高的节点变得更加高权重（rich nodes get richer over time），并且会"吸收"其邻居顶点的分值。在随机游走开始时，某些句子排序分值差别不大，而当随机游走达到稳定状态时，这些句子就可能得到不同的排序分值。因此，只有高分值的句子才有可能出现在摘要中。

5.3.4 摘要生成

执行完排序过程，一个句子的重要性分值自动平衡了多样性与中心性。摘要生成任务就是选择前 N 个句子，组成不超过限定长度的摘要文本。然而，有一些不同的文档段落或者句子可能会描述相同的内容。因此，还需要满足一个额外的需求，即摘要中的任意两个句子的相似度不能够超过某一个预定义的阈

值 k，本书的实验中将阈值 k 设置为 0.3。最终的摘要生成过程如图 5.4 所示。

Algorithm 4: Suminary Generation

Input:

D: 句于集 $\{s_0, s_1, s_2, \cdots, s_n\}$，其中 s_0 表示查询

a: 权重系数

C: 类簇

Output:

Summary: 对应于文档集的摘要，初始值为空，其中摘要长度为 l，初始值为 0

1   H, W, D_v, D_e ← ContructHypergraph(D, a, C)

2   *Stummary* ← ∅

3   通过公式 (5.11) 计算句子重要性分值 *score*

4   根据分值对 D 中的句子排序，排序后的句子集为 $D' = \{s_{d1}, s_{d2}, s_{dn}\}$

5   for i ← l, n do

6   l ← $l + length(s_{di})$;

7   if $l < maSlength$ and $\max(cosine(s_{di} \cdot s) | s \in Summary) \leq k$; /*k 是相似度阈值 */

8   then

9   *Summary* ← *Summary* ∪ $\{s_{di}\}$

10   else

11   Break;

12 return Summary

图 5.4　摘要生成

5.4　实验分析

5.4.1　数据集和评估设置

本节安排了两组实验，第一组在观点摘要评测语料上进行，第二组在标准的摘要评测语料上进行。

第一组实验采用的观点摘要数据集 OpSumm 来自 TAC 2008 观点摘要任务（TAC 2008 Opinion Summarization Task）[①]。数据集包含 25 个文档簇，其中 23 个簇提供了人为标注的语块（nuggets）用于人工评测。TAC 同时提供了频繁被参赛系统和人工标注员使用到的文字片断。与文献 [54] 实验设置类似，本书假设这些文本片断未知，所有方法中均不使用此信息。本书主要采用两种自动评估

---

①   http://tac.nist.gov/2008/summarization/op.summ.08.guidelines.html

方法，分别为 ROUGE-2 用于度量 bigram 重叠度、ROUGE-4 用于度量 unigram 和 skip-bigram 间隔到 4 的重叠度 [1]。

第二组实验使用 DUC 2007[2] 及 TAC 2008 面向查询的多文档摘要数据集。数据集包含 45 个文档簇，每一簇包括 25 篇文档。每个簇有一个对应的查询句用来提问或者描述主题。对于每一个簇，摘要系统需要提供对应于问题的答案，并且答案长度限制为 250 个词。实验评估值包括 ROUGE-1、ROUGE-2 和 ROUGE-SU4。

5.4.2 参数的影响

在本书的算法框架中，参数 a 用于调整基于类簇的超边的权重，与文献 [167] 一样设置为 $a = 1.5$。λ 是查询敏感性的惩罚因子，转移因子 μ 用于调整游走过程中离开当前顶点的概率。同时，还需要优化 HDP 主题模型的超参数 γ 和 α。

对于 HDP 模型，本书随机选择 DUC 2007 的 25 个类簇进行训练，其余 20 个类簇用于测试。调整参数的组合范围为 $\gamma = 1..10$、$\alpha = 0.5..5$，重复实验 10 次，性能最好的结果是当 $\gamma = 8$ 和 $\alpha = 1$ 时。本书也使用相同的参数在其他两个数据集。

本书采用基于梯度搜索的策略，首先固定 μ 的值，然后测试由小到大的不同 λ 值对性能的影响。图 5.5 展示了当 $\mu = 0.9$ 时 λ 值对结果的影响。图 5.5（a）和图 5.5（b）分别是以步长 0.1 从 λ 从 0 变化到 0.9 的 ROUGE-2 和 ROUGE-SU4 分值。当 λ 设置为 0 时，表示打分时仅考虑查询相似性。也就是说，只有一个句子与查询有很大的相似度时，才有可能作为摘要的内容。当 λ 设置为更大的值时，对查询相似性的惩罚越高。可以看到，当 λ 值很小时，ROUGE 分值也很小。当 λ 值在 0.7 左右时，ROUGE 分值达到最高。此结果也表明，句子的中心性和多样性对结果的影响应该大于查询相似性。

---

[1] 自动评测工具 ROUGE toolkit，http://www.isi.edu/licensed-sw/see/rouge/

[2] http://www-nlpir.nist.gov/projects/duc/data/2007_data.html

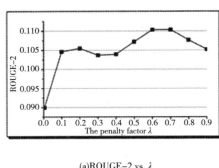

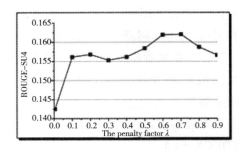

(a)ROUGE-2 vs. λ (b)ROUGE-SU4 vs. λ

图 5.5　ROUGE-2 vs. 不同值对结果的影响（当 $\mu = 0.9$ 时）

　　随后，本书将值固定为 0.7，调整参数 μ。图 5.6 是值从 0.1 变化到 0.99 时 HERF 在 DUC 2007 开发集上的结果。与调试 λ 方法类似，本书首先使用不同的 μ 值测试其影响。如图 5.6（a）所示，当设置值从 0.1 到 0.9 时，性能单调递增并在 0.9 时达到峰值。因此，本书继续增加值，范围从 0.9 到 0.99，每次增加 0.01。图 5.6（b）是 ROUGE-2 的变化曲线，从中可以观察到，当 μ 等于 0.98 时，性能最好。此结果也表明离开当前顶点的概率应该设置为一个较高的值。

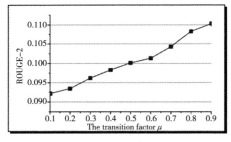

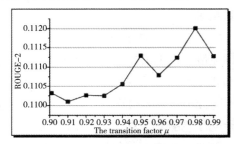

(a)ROUGE-2 vs. μ=[0.1, 0.9]   (b)ROUGE-2 vs. μ=[0.90, 0.99]

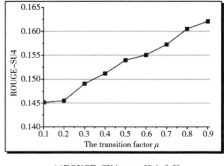

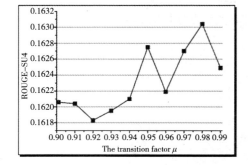

(c)ROUGE-SU4 vs. μ=[0.1, 0.9]   (d)ROUGE-SU4 vs. μ=[0.90, 0.99]

图 5.3 不同 μ 值对结果的影响（当 $\lambda = 0.7$ 时）

5.4.3 对比结果

1. 观点摘要对比结果

由于 TAC 2008 观点摘要评测主要还是侧重于 QA 任务，其输入除了文档本身之外，还提供经过 QA 系统输出的候选文本片断，且官方评估标准也与 QA 一样。因此，本节采用与文献 [54] 相同的设置 ①，不使用 QA 系统的输出，而是与传统摘要任务一样，只输入查询和文本集本身，且采用标准的摘要系统评估工具 ROUGE 来对结果进行打分。对比方法主要是相同设置下的基于此数据集的最新方法：① Lin2011/Lin2011+q，不考虑 / 考虑查询的基于子模函数的摘要生成算法 [191]；② Dasgupta2013，基于子模函数与分散函数来表示更多的句子特征，并进行文本摘要的图算法 [192]；③ TFIDF+Lexion，基于 TFIDF 计算句子与查询相似度排序句子，并选择有情感词的句子组成摘要。

表 5.1 展示了在 TAC 2008 观点摘要数据集 OpSumm 上的实验对比结果 ②。数据显示，TFIDF+Lexicon 方法性能高于其他对比方法，据分析是因为其考虑到了句子中的观点词信息。而 HERF 性能基本与 Lin2011+q 相当，两者性能略高于另外两种方法，主要原因是两者考虑到了深层次的句子关系及查询相关性。因此，在以后的工作中，需要在 HERF 中考虑观点词语的先验信息，以提高观点句子的选择效果。

表 5.1 在 OpSumm 数据集上的对比结果

Method	ROUGE-2	ROUGE-SU4
Lin2011	0.273 2	0.358 2
Lin2011+q	0.285 2	0.370 0
TFIDF+Lexicon	0.306 9	0.387 6
Dasgupta2013	0.261 8	0.350 0
HERF	0.290 3	0.374 9

---

① 由于文献 [54] 采用的是一种有监督的摘要算法，而本书采用的是无监督图算法，因此实验中并没有与其进行对比。

② 除 HERF 结果外，其他对比方法的结果均出自文献 [54]。

2. 普通摘要对比结果

为了验证提出的摘要框架的通用性，本小节在普通摘要数据集上与相关方法进行实验对比。首先做对比的方法是基于图的同类方法，包含 4 种最新方法：

（1）DivRank：一个随时间变化的随机游走算法[162]，其定义参见公式（5.6）。此方法关注获取更加多样性的句子。本书提出的 HERF 与 DivRank 的不同点是采用了主题簇作为超图的超边，并且基于句子的主题相似度进行排序，而 DivRank 是基于普通图，其边是基于句子的词汇相似度来表示。

（2）HyperSum：一个基于超图的半监督句子排序算法[167]，此方法首次提出采用超图进行多文档摘要。

（3）ManiFold：一个流形排序方法[160]，此方法基于句间关系及句子与主题的关系来排序句子，其关系是基于流形排序过程得到的。

（4）QLexRank：一个改进的具有先验信息的基于 LexRank 的随机游走方法[173]。QLexRank 在排序句子时并没有考虑多样性。

表 5.2 和表 5.3 分别展示了 DUC 2007 和 TAC 2008 面向查询的摘要数据集上的比较结果，实验数据表明 HERF 性能优于 4 个对比方法。为了统计结果的显著性，本书进行了点对 t-tests。在实验中，运行了 8 次实验得到 8 组结果作为样本观察值。表 5.2 和表 5.3 中，**、* 和 $\thicksim$ 分别表示 p-value < 0.001、p-value <0.05 和 p-value >0.05，其含义分别为非常显著、显著和不显著。

可以观察到，HERF 与同类方法相比取得了显著的更好的结果。由于 HERF 和 HyperSum 都考虑到了句子的群组关系，两者都取得了较好的结果。HERF 同时考虑句子的中心性和多样性，而 HyperSum 重点考虑句子的中心性。因此，HERF 取得了比 HyperSum 更好的评估效果。

表 5.2　在 DUC 2007 数据集上的图方法对比结果

Method	ROUGE–1	ROUGE–2	ROUGE–SU4
DivRank	0.414 21**	0.104 33**	0.156 41**
HyperSum	0.420 77**	0.109 96*	0.160 35*
ManiFold	0.418 81**	0.108 68*	0.160 45**
QLexRank	0.419 38**	0.109 63*	0.159 93*
HERF	0.424 44	0.112 11	0.163 07

表5.3　在 TAC 2008 数据集上的图方法对比结果

Method	ROUGE-1	ROUGE-2	ROUGE-SU4
DivRank	0.3323 6*	0.092 87*	0.127 53**
HyperSum	0.345 77*	0.093 75*	0.128 20**
ManiFold	0.322 94*	0.093 02*	0.128 05**
QLexRank	0.329 05~	0.093 25*	0.125 00*
HERF	0.360 42	0.094 06	0.132 21

表5.4　与 DUC 2007 评测的参赛系统对比结果

System	ROUGE-1	ROUGE-2	ROUGE-SU4
HERF	0.424 44	0.112 11	0.163 07
S13	0.416 51	0.110 24	0.162 35
S23	0.427 45	0.108 78	0.163 99
S20	0.417 18	0.108 74	0.158 36
S7	0.412 24	0.106 50	0.157 67
SYS BEST	0.438 89	0.122 85	0.174 70
SYS AVG	0.400 475 938	0.095 440 938	0.148 531 25
Baseline	0.334 75	0.064 90	0.112 78

表5.5　与 TAC 2008 评测的参赛系统对比结果

System	ROUGE-1	ROUGE-2	ROUGE-SU4
HERF	0.360 42	0.09406	0.132 21
S45	0.370 40	0.09357	0.131 58
S49	0.370 75	0.09375	0.131 48
S23	0.357 79	0.09260	0.127 59
SYS BEST	0.377 17	0.10939	0.140 42
SYS AVG	0.400 475 938	0.079 386 028	0.114 918 4

System	ROUGE-1	ROUGE-2	ROUGE-SU4
Baseline	0.309 00	0.060 66	0.096 48

　　本书的方法也与 DUC 2007 和 TAC 2008 参赛系统进行了对比。因为 HERF 属于无监督抽取式摘要，为了合理对比，本书选择以下结果做对比：①前三名参赛系统（按 ROUGE-2 结果排序）；②排名最高的系统（SYS BEST）；③主办方提供的基线系统 NIST，此方法返回每篇文档的首句；④所有参赛系统的平均结果（SYS AVG）。表 5.4 和表 5.5 中的实验结果表明，HERF 方法在 ROUGE-2 值上好于无监督的抽取式系统，在平均值上超过了基线系统。

5.5　本章小结

　　本章提出了基于超图的顶点增强排序框架（Hypergraph-based vertex rEinforcement Ranking Framework，HERF），用于多文档摘要。为了能同时考虑多种重要因素来进行句子排序，本章提出了采用 HDP 主题相关性来构建超图，并采用一个顶点增强的随机游走过程，建模句子排序时的查询相似度、句子中心性和句子多样性。与其他模型相比，HDP 可以自动确定主题数目。实验结果验证了提出框架的有效性。

第 6 章　面向 Twitter 观点分类的情感增强词嵌入学习方法

6.1　引言

Twitter 是互联网上最大的微博网站之一，目前已成为在线观点和情绪发布的重要来源之一。由于其海量的、多样化的以及稳步上升的用户基础，Twitter 中的包含的观点信息已经成功地应用于多种任务，如股票市场走势预测 [10]、政要信息监控 [8-9] 以及推断公众事件民意 [78] 等。因此，高效的正面、负面及中性观点的识别性能是应用任务的根本所在。

学者提出了多种方法来提高 Twitter 的观点分析性能 [80][81][83][193-195]。特别是近年来深度神经网络的发展，证明了文本表示学习（词级别、句子级别以及文档级别的表示）对自然语文处理任务的重要性 [143][156][157][196-197]。传统的词嵌入方法 [130][143] 主要是对句法上下文信息建模。在此基础上，Tang 等人 [88] 提出情感相关的词嵌入（Sentiment-Specific Word Embedding，SSWE）学习方法用于 Twitter 观点分类，其目的主要是针对两个观点极性相反的词具有相似的上下文信息这种现象，此现象会导致单纯的利用上下文信息学习到的词嵌入无法区分两个词的观点极性的问题。在 SSWE 基础上，Ren 等 [89] 进一步提出主题和情感增强的词嵌入（Topic and Sentiment-enriched Word Embedding，TSWE）模型来学习主题增强的词嵌入，其目的是进一步考虑情感词的多义现象。

然而，已有的工作仅利用 Twitter 总体的观点极性标签来进行情感相关的词嵌入学习，实际上有很多经典的情感词典 [13][40] 可以利用。此外，这些工作在传统方法基础上加入距离监督（distant supervised）的 tweet 极性标签来学习情感相关的词嵌入，但传统的词嵌入学习方法是局部的上下文模型，而 tweet 极性标签属于全局文档级别信息。为了利用 tweet 极性标签，情感词嵌入方法 [89][198] 假设观点上下文窗口中的每个词都影响着上下文极性，局部上下文的极性与 tweet 全局极性一致。换言之，他们直接将 tweet 级别的全局极性分配给局部的上下文而不经过任何修正。另外，从词典获取的词的极性对观点极性分类任务而言，仍然是一个非常有用的信息 [14][151][199]。因此，一个能够同时利用多级别（词级别与 tweet 级别）极性标签的词嵌入统一学习框架成为解决此问题的关键，同时这也是一个具有挑战性的问题。

实事上，SSWE 模型将多个学习目标结合到一个函数中，其目标分别是句法学习和情感极性学习。更进一步，TSWE 模型同时编码主题信息、情感信息和句法信息到神经网络的优化目标中。然而，多数情况下，多个目标不能直接采用一个统一的框架进行优化，例如，词情感极性与 tweet 观点极性。受多任务深度学习方法 [200] 的启发，本书提出采用多级别的情感表示目标优化方法来学习词嵌入。尽管多级别情感表示可以看成多任务，但与标准多任务学习有不同的输入：①词及其上下文；②整个 tweet。两个输入分别对应的情感极性和 tweet 的观点极性，而多任务深度学习方法通常只有一个统一的文档（tweet）输入。因此，无法直接使用已有的多任务深度学习框架处理此问题。

为了解决这个问题，本书提出了多级别情感增强的词嵌入（Multi-level Sentiment-enriched Word Embedding，MSWE）模型来学习词表示。MSWE 模型由两个非对称的子网络组成，两个子网络共享一个线性层和一个词表示层。两个子网络分别是一个多层感知机网络（MultiLayer Perceptron，MLP）和一个卷积神经网络（CNN），它们分别用于建模 n-gram 及词级别情感信息和 tweet 级别观点极性信息。提出的模型基于这样一个假设：每个词向量编码其自身的情感信息，词的组合编码了 tweet 的观点极性信息。而 SSWE/TSWE 潜在的假设是每个词仅编码整个 tweet 的全局情感信息。具体而言，模型将词及其上下文输入 MLP 来建模词级别的情感信息，即这部分用于编码词自身的情感信息。同时，整个 tweet 输入 CNN 网络来建模 tweet 级别的情感信息。

总体而言，本章主要包含以下几个方面内容：

（1）提出在学习情感相关词嵌入时，同时编码词级别和 tweet 级别的情感信息，从而可以更充分地利用已有的情感词典资源和距离监督 Twitter 语料进行词嵌入学习。

（2）为了解决多级别情感表示目标优化问题，本章提出了一个新的词嵌入学习框架，该框架利用两个非对称子网络来分别建模两种级别的情感信息。

（3）在标准的 Twitter 观点极性分类数据集上进行实验，通过评估结果证明了提出的方法性能超过目前最新的方法。

6.2　相关研究介绍

对于 Twitter 观点极性分类，许多工作都采用一种传统的使用机器学习方法来训练分类器的做法 [201]。除了普通的文本特征，还有一些距离监督特征也被采用 [79]。很多研究中都使用了这些大规模的有噪音标注 tweet 作为训练数据或者辅助资源进行 Twitter 观点极性分类 [83][202]。与已有方法不同，本书采用距离监督信息和词典知识来训练词嵌入，这是一种新的带噪音标注数据与知识库组合应用方法。

对于词嵌入的学习，已经有很多相关经典的方法 [130-131][143] 被提出，这些模型普遍是基于上下文窗口中的词间关系。最近，一些方法 [88][89][203-205] 将其他信息集成到学习过程中来获得任务相关的词表示，在具体任务上取得了比普通词嵌入更好的效果。

对于极性分类，Tang 等 [88] 提出集成 tweet 级别的情感信息到神经网络中去学习情感相关的词嵌入，他们的做法是在 C&W 模型 [143] 的顶层添加了一个新的情感分值优化目标，实际上还可以加入其他更多的优化目标，如主题分布 [89]。然而，由于粒度不同，不可能同时集成词级别与 tweet 级别的情感信息到优化目标中。因此，本书提出 MSWE 来解决复杂目标的学习问题。与上述方法相比，MSWE 有两点不同：①在词级别使用词典知识作为极性监督信息，而他们使用 Twitter 总体极性作为其包含的所有词的极性；②将词级别的上下文窗口当作 tweet 级别的卷积操作来建模整条 tweet 文本，然后将所有上下文池化后输入神经网络中进行极性预测，而他们将 tweet 总体极性分散到各个词来代替对整条 twitter 建模。

本书的方法采用多任务学习类似的思路，这种学习方法在 Caruana 的研究 [206] 中首次提出。在自然语言处理领域，一个关于多任务学习的标志性的研究是 Collobert 等 [200] 的研究。在他们的模型中，每个任务共享了神经网络的 lookup 表和第一个隐藏层，在每一轮的训练时各个任务是被随机选择优化的。与其思路不同，Liu 等 [207] 提出使用更多的共享层来联合训练语义分类和信息检查任务。许多多任务学习框架可以被看成参数共享方法。然而，这些研究目的是训练上层的多个任务本身，而本书方法目标是学习到底层共享的词嵌入。因此，本书使用上下文窗口作为唯一的卷积核进行 Twitter 级别的观点极性建模。本书的主要目标是将 Twitter 级别的极性信息编码到词嵌入中，而不是在 MSWE 中完成极性预测。在本书的 MSWE 模型中，一个共享单元不仅表示一个上下文组合窗口，也是 tweet 级别的一个卷积窗口。

6.3　面向 Twitter 观点分类的多级别情感增强词嵌入

　　本书认为，联合建模词级别与 tweet 级别的情感信息对学习情感相关的词嵌入非常重要。联合建模的方式可以在统一的表示框架下，充分利用已有的情感词典和距离监督信息来学习词嵌入。换言之，n-gram 和多级别的情感信息同时被编码到词嵌入中，从而提升基于词嵌入表示特征的分类方法的性能。

　　图 6.1(c) 展示了 MSWE 表示学习网络的框架，其目的是在词嵌入中编码情感信息，其输入是 tweet 文本。首先，MSWE 模型将 tweet 分割为若干个窗口，如个窗口。然后，这个窗口作为 n 个左子网络的实际输入，而 tweet（所有的窗口）作为右子网络的实际输入。最终，左子网络输出词级别的情感和 n-gram 信息，而右子网络输出 tweet 级别的情感信息。在 6.3.2 小节描述网络的实现细节之前，下面先介绍情感相关的词嵌入方法。

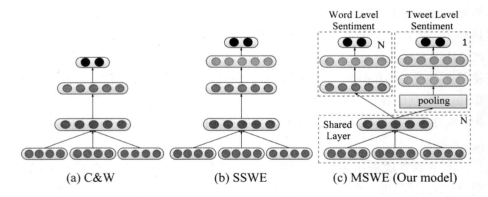

图 6.1　不同的词嵌入学习模型架构

6.3.1 情感相关的词嵌入

本书模型的目标是学习情感相关的词嵌入，与普通的词嵌入相比，情感相关词嵌入可以更好地支持 twitter 观点极性分类。情感相关的词嵌入模型主要源自 C&W 模型 [143]，C&W 模型主要通过负采样（negative sampling）方式从 n-gram 上下文中学习词的表示。当学习一个词 w 的表示时，该方法选择一个窗口 t 内的上下文 c 作为正样本，其中 w 处于上下文 c 的中心位置。为了得到负样本，C&W 用一个不同的词 $\tilde{w}$ 替换词 w 形成变异后的上下文 $\tilde{c}$。训练的目标是在差距为 1 的范围内，上下文 c 能比变异的上下文 $\tilde{c}$ 获得更高的语言模型分值，优化函数可表示为

$$loss_{ngm}(c) = \max\left(0, 1 - f^{ngm}(c) + f^{ngm}(\tilde{c})\right) \tag{6.1}$$

其中 $f^{ngm}(\bullet)$ 是 C&W 模型的输出，其含义是一个上下文通过网络后得到的 n-gram 分值。C&W 模型的架构如图 6.1(a) 所示。其最下层是 lookup 层用来表示词汇表中 L 个 d 维的词向量。上下文窗口中的所有词连接得到 $[L_1,\cdots,L_t]$，然后将其输入隐藏层。下一层则是一个 $hTanh$ 激活层，其输出为

$$a = hTanh\left(W_1 * [L_1,\ldots,L_t] + b_1\right) \tag{6.2}$$

其中，$W_1 \in R^{h\times(t*d)}$ 和 $b_1 \in R^h$ 是模型参数，是隐藏单元的长度。n-gram 分值是对 a 进行一个线性变换得到的：

$$f^{ngm}(c) = W_2 * a \tag{6.3}$$

其中，$W_1 \in R^{1\times h}$ 是模型参数。

尽管 C&W 学习到的词嵌入成功地应用于许多 NLP 任务，但它对观点极性分类任务仍然不够高效。为了提高观点极性分类的性能，Tang 等 [88] 提出一个基于 C&W 模型的情感相关的词嵌入模型 SSWE。他们将 tweet 情感信息损失加入目标函数中，通过实验证明了将情感信息编码到词嵌入中进行 Twitter 观点极性分类的有效性，SSWE 网络结构如图 6.1(b) 所示。此外，还有一些 SSWE 模型的变体，如 TSWE (Topic-Enriched Word Embedding) 编码主题分布到损失函数中，而 TEWE (Topic and Sentiment-Enriched Word Embedding) 模型中同时编码主题与情感信息 [89]。总体而言，这些方法都是在其损失函数中采用多优化目标。

6.3.2 多级别情感增强词嵌入方法

已有的研究已经证明情感词典是一种重要的用于观点分类的资源 [14][151][199]。特别是 Socher 等 [151] 提出的 Sentiment Treebank 在标记词情感的基础上，进一步

对句子中的句法短语块进行了情感极性标注。利用 Sentiment Treebank，他们训练了一个递归神经张量网络（Recursive Neural Tensor Network，RNTN）模型进行观点分类。然而，Sentiment Treebank 标记的短语仍然有限，不可能包含所有的有效词组合成的短语。不过，与词的组合相比，基本的情感词集合变化相对较小。因此，本书提出考虑来自词典的词级别的情感信息，同时建模 tweet 级别的情感信息来编码组合词的情感信息。

一个直观的方法是和 SSWE 及 TEWE 一样，在损失函数中添加一个新的优化目标。但是，tweet 中的 n 个词就有相应的 n 个情感优化目标，而 tweet 级别的情感却只有一个优化目标。已知的网络结构不能优化这种多级别的情感打分目标函数。如图 6.1(c) 所示，本书利用多任务学习方法[200][208-209]类似的架构，用两个有共享层的子网络来分别建模两个级别的优化目标。

共享单元：两个子网络共享部分单元，每个单元包含一个词嵌入层和一个线性层。给定一个输入 tweet D 包含 n 个上下文窗口，词嵌入维度是 d，隐藏层维度是 h。则共享单元有 n 个，每个单元连接了一个左子网络，所有 n 个单元在经过池化（pooling）后连接到右子网络。对于每一个共享单元，词嵌入层的输入是窗口内的 t 个词，其输出是

$$x_{1:t} = x_1 \oplus x_2 \oplus \cdots \oplus x_t \tag{6.4}$$

其中，$x_i, x_{i+1}, \cdots, x_{i+t}$ 是窗口 i 中的 t 个词。然后，一个线性变换操作将 $x_{i:i+t}$ 变换为一个新的特征

$$e_i = f\left(W_1^1 * x_{i:i+t} + b_1^1\right) \tag{6.5}$$

其中，$W_1^1 \in R^{(t*d) \times h}$ 和 $b_1^1 \in R^h$ 是线性层的参数。

词级别相关层：在左子网络（建模词级别情感和 n-gram）中，共享层的输出经过一个 $tanh$ 激活层输出 $a_1 = hTanh(e_i)$，然后两个线性变换分别输出 n-gram 预测分值

$$f^{ngm} = W_2^1 * a_1 \tag{6.6}$$

和词级别的情感预测分值

$$f^{ws} = W_3^1 * a_1 \tag{6.7}$$

在模型训练时，输入上下文窗口 c 和其变异体 $\tilde{c}$ 到左子网络，其损失函数通过公式（6.8）计算：

$$loss_1(c, \tilde{c}) = \alpha * loss_{ngm}(c,) + (1 - \alpha) * loss_{ws}(c) \tag{6.8}$$

$$loss_{ngm}(c, \tilde{c}) = \max\left(0, 1 - f^{ngm}(c) + f^{ngm}(\tilde{c})\right) \tag{6.9}$$

$$loss_{ws}(c) = \max\left(0, 1 - \phi(0) f_0^{ws}(c) + \phi(1) f_1^{ws}(c)\right) \tag{6.10}$$

其中，α 是线性插值权重，$\phi(\cdot)$ 是上下文 c 的中心词的观点极性指示函数，

$$\phi(j) = \begin{cases} 1 & \text{if } y[j] == 1, \\ -1 & \text{if } y[j] == 0. \end{cases} \tag{6.11}$$

其中，y 是词的标准情感标签，当使用 2 维向量来表示 y，即负面极性表示为 [1,0]，正极性表示为 [0,1]。情感极性是从情感词典中获取的，在本书的实验中采用文献 [13] 提供的词典。值得注意的是，如果中心词不是情感词，则只优化 n-gram 分值。

tweet 级别相关层：在右子网络（建模 tweet 级别的情感）中，共享单元中的每个线性变换被看作一个对 tweet 文本序列的卷积操作。然后，本书在 $e_1, e_2, \cdots, e_n$ 上采用三种池化方法（max-pooling、average-pooling 和 min-pooling）获得固定维度的特征：$\max(e)$、$avg(e)$ 和 $\min(e)$。然后，将这些特征连接并输入一个线性层得到

$$a_2 = W_1^2 * \left[\max(e) \oplus avg(e) \oplus \min(e) \right] + b_2^2 \tag{6.12}$$

其中，$W_1^2 \in R^{t*h \times h}$ 和 $b_1^2 \in R^h$ 是线性层的参数。最终，顶层的 softmax 层预测 tweet 的观点极性

$$f^{ds} = softmax(a_2) \tag{6.13}$$

则 tweet 级别的损失函数表示为

$$loss_2(D) = -\sum_{k=\{0,1\}} g_k(D) \log f_k^{ds} \tag{6.14}$$

其中，$g(\cdot)$ 是 tweet 在 [positive，negative] 上的黄金标准情感分布。

因为公式（6.8）和公式（6.14）分别优化词级别和 tweet 级别的信息损失，那么最终的优化目标是得到的一个总体分数

$$loss = \beta * loss_1(c, \tilde{c}) + (1 - \beta) * loss_2(D) \tag{6.15}$$

其中，β 是两个级别的权重调和系数。

模型训练：本书基于词典资源和大规模的距离监督 tweet 语料训练词嵌入。其中，距离监督 tweet 是基于正 hashtag（如 #happy、#joy 和 #happyness 等）和负 hashtag（如 #sadness、#angry 和 #frustrated 等）以及表情符（如 :(:-(: (:) :-) :) :D 等）。本书爬取的 tweet 语料是从 2015 年 3 月 1 日至 2015 年 4 月 30 日。经过分割每条 tweet，移除 @user、网址 URLs、重复内容引用、垃圾内容以及其他非英文语言等预处理步骤，最终得到正负极性的 tweet 各 500 万条。

本书使用随机梯度下降法来优化训练目标，并采用 mini-batch 来加速训练

过程。然而，对于词级别的预测，在 tweet 中有大量的有效词①需要计算 n-gram 和极性损失。对于 tweet 级别预测，只有一个损失值。而且，为了计算 tweet 级别的极性损失分数，需要首先计算线性变换。因此，普通的 mini-batch 无法应用于本书提出的模型。本书使用的一个技巧是在两个子网络训练时采用两个不同的 batch 大小。主 batch 大小是针对 tweet 级别，次 batch 大小则与每条 tweet 中设置的窗口数相同。换言之，词级别 batch 大小是可变的，而 tweet 级别 batch 则是固定的。在训练时，本书经验性地设置窗口大小为 3，词嵌入维度为 50，隐藏层维度为 20，主 batch 大小为 32，学习率为 0.01。

6.3.3 使用情感相关词嵌入进行极性分类

在学习到情感相关的词嵌入之后，就可使用有监督学习算法（如 SVM）进行极性分类。本书使用一个神经网络模型来完成分类任务。模型结构如图 6.2 所示。首先，一个多过滤器的卷积层处理输入的 tweet，其中 tweet 已经采用学习到的情感相关词嵌入进行表示。然后，一个 Max pooling 层取每个卷积核的最大值作为特征。下一层是全连接隐藏层，其激活函数是 *ReLU*，主要用于学习隐含的特征表示。最后一层是全连接层，其 2 维输出采用 *softmax* 来预测正 / 负极性分布。本书在输入层和隐藏层使用 dropout 做正则化来避免过拟合。此神经网络分类器采用后向传播来训练，参数更新采用 AdaGrad 方法。

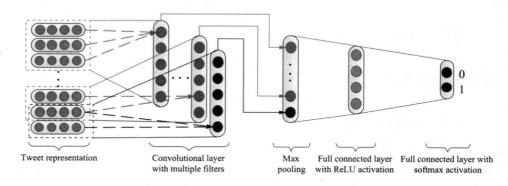

Tweet representation　　Convolutional layer　　Max　　Full connected layer　　Full connected layer with
　　　　　　　　　　　with multiple filters　　pooling　with ReLU activation　　softmax activation

图 6.2　神经网络极性分类器架构

---

① 这些词在设定的窗口大小内有足够的左右上下文词。

6.4 实验评估

6.4.1 数据集及设置

数据集：为了验证方法的有效性，本书在如下两个数据集上进行实验：① SemEval2013，一个标准的 Twitter 极性分类测试集[210]；② CST (Context-Sensitive Twitter)，Ren 等[93] 提供的最新的 Twitter 极性分类数据集，他们爬取基本的观点 tweet 及其上下文来评估其模型，因为在其模型中使用了上下文信息作为辅助训练语料。由于本书的方法暂时不考虑上下文信息，所以在实验中仅使用基本的观点 tweet，而不包括上下文。表 6.1 展示了每个数据集的详细信息。评估方法采用正负分类的 Macro-F1 值。

表 6.1　数据集统计信息（CV 表示采用 10 折验证）

	SemEval2013			CST		
	Positive	Negative	Total	Positive	Negative	Total
Train	2 447	952	3 399	11 394	6 606	18 000
Dev	575	340	915	–	–	–
Test	1 572	601	2 173	CV	CV	CV

超参设置：对于不同的任务需要仔细设置不同的参数，为了便于对比实验结果，本书采用统一的设置。这些超参数的设置值是在 SemEval2013 开发集上的手工调试得到的。最终模型中包括 7 个超参数，分为网络参数（词嵌入维度 D、隐藏层维度 H、卷积核大小 S 和卷积核数量 N）和有监督训练参数（输入层 dropout 概率 d_1、隐藏层 dropout 概率 d_2、学习率 η）。表 6.2 列出了所有的设置值。

表 6.2　最终模型中的超参设置值

Hyper-parameter	Value
Network structure	$D = 50$，$H = 200$，$S = (2,3,4,5)$，$N = 30$
Training	$d_1 = 0.8$，$d_2 = 0.7$，$\eta = 0.01$

6.4.2　对比实验结果

本书的模型与一系列的最新方法进行了对比，实验结果如表 6.3 所示。所有方法可以分成两类：采用不同特征组合的传统分类器和神经网络分类器。第一类方法包括以下几种。

DistSuper + uni/bi/tri-gram：在距离监督语料上训练的使用词袋模型的 LibLinear 分类器 [79]。

SVM + uni/bi/tri-gram：采用 n-gram 特征的 SVM 分类器 [201]。

SVM + C&W：采用 C&W 词嵌入特征的 SVM 分类器 [88]。

SVM + Word2vec：采用 Word2vec 词嵌入特征的 SVM 分类器 [88]。

NBSVM：综合 Naive Bayes 和 NB-enhanced SVM 的分类器 [211]。

RAE：使用 Wikipedia 预训练词向量的递归自编码器 [212]。

NRC：SemEval 2013 Twitter 极性分类任务的最好系统，主要通过结合各种情感词典和手工设计的复杂特征 [213]。

SSWE：采用 SSWE 词嵌入特征的 SVM 分类器 [88]。

其中，SSWE 达到了同类方法最好的性能，此方法使用的是包含了 n-gram 和情感信息的词嵌入特征。NRC 获得了仅次于 SSWE 的性能，因为使用了情感词典和很多手工设计的复杂特征。由于没有显示地利用情感信息，使用 C&W 和 Word2vec 特征的分类结果相对较差。

第二类方法如下。

TSWE：利用主题和情感增强的词嵌入特征的神经网络分类器 [89]。

CNNM-Local：利用上下文辅助训练资源的神经网络分类器 [93]。

神经网络分类器可以很自然地使用词嵌入进行分类。TSWE 和 CNNM-Local 由于使用了情感信息之外的其他信息，分别获得了目前最佳的性能。而在仅使用情感信息的条件下，本书的模型效果好于两者。本书提出的方法与 NRC 都采用了情感词典信息并取得了较好的性能，这也说明情感词典对 Twitter 观点极性分类任务来说仍然是一项很有效的资源。

表 6.3　实验对比结果

Model	SemEval2013	SST
DistSuper + uni/bi/tri-gram	63.84	−
SVM + uni/bi/tri-gram	75.06	77.42

Model	SemEval2013	SST
SVM + C&W	75.89	–
SVM + Word2vec	76.31	–
NBSVM	75.28	–
RAE	75.12	–
NRC (Top System in SemEval)	84.73	80.24
SSWE	84.98	80.68
TSWE	85.34	–
CNNM–Local	–	80.90
MSWE (our model)	85.75	81.34

6.4.3　参数的影响

如公式（6.15）所示，β 是用于平衡两类信息的系数。本书在 SemEval2013 开发集上调整 β 参数值。对于另一个系数 α，本书采用文献 [88] 相同的设置值 0.5。图 6.3 显示了在 SemEval2013 开发集上 MSWE 模型的 macro-F1 值的变化曲线。可以看出，当 β = 0.8 时，词级别信息的权重较高，其性能最佳。当 β = 1 时模型退化为 SSWE，不同之处是训练时的情感标签来自词典，β = 0 时表示仅使用 tweet 级别的情感信息。β = 0 时效果最差，这表明 n-gram 信息是 Twitter 极性分类任务一个不可或缺的特征。根据调试结果，本书选择 β = 0.8 作为最终的实验设置值。

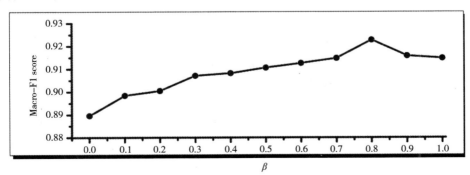

图 6.3　采用不同 β 值的 MSWE 方法的 Macro–F1 变化曲线

6.5 本章小结

本章提出同时利用来自词典的词情感标签和来自距离监督的 tweet 极性标签来训练情感相关的词嵌入。由于这两种信息跨越了词和 tweet 两个级别，很难在一般的多任务学习框架中实现，所以本书提出了多级别的情感增强词嵌入学习方法 MSWE。当同时建模词级别 n-gram 和极性信息时，本书的方法自然地集成了词级别信息作为 tweet 级别的卷积结果。当使用学习到的词嵌入 Twitter 观点极性分类任务中，在标准的数据集上的实验结果表明 MSWE 方法胜过目前的同类方法。在后续的研究中可以考虑集成更多的信息来增强 Twitter 观点极性分类。

第 7 章 总结与展望

7.1 总结

作为网络时代最流行的交流平台，社交媒体汇聚了海量的用户信息。人们可以发表各种各样的主题，从近期事件到政治观点，从体育信息到娱乐新闻等内容。社交媒体作为一种营销工具也已经被公众认可，政府、主流机构、学校及其他组织都开始有效地使用社交媒体与大众交流。同时，社交媒体也是在线口碑传播的主要渠道，因此社交媒体也是组织、机构和人物的声誉管理需要考虑的一种重要介质。对于个人而言，社交媒体也常常为购买决策提供重要的参考信息。收集和分析这些观点数据，可以帮助用户或者管理者进行决策。营销主管或者产品经理也可以收集和分析社交媒体中的用户反馈和对企业的建议，从而制定有效的广告策略或者提高产品质量。

由于社交媒体庞大的用户规模和海量的信息内容，人们必须借助计算机技术自动地分析和挖掘数据。识别出社交媒体数据中包含的观点成为分析中的一个重要问题，也吸引了学术界和工业界越来越多的关注。近年来，大量的研究尝试基于社交媒体数据去建模和预测人们对真实世界的看法。然而，由于社交媒体不断发展变化的语言风格、短小精简的特点，使用分析过程中还面临许多有待解决的问题。

本书针对社交媒体观点分析中面临的实际问题，提出相应的解决方案。具体而言，本书主要研究了四个方面的内容。第一个方面的内容是，针对无监督情感主题学习中的社交媒体数据稀疏问题，提出一种基于词对采样的情感主题模型，能够缓解短小的社交媒体中上下文信息量不足的问题。第二个方面的内容是，针对评价目标短语分组任务中的上下文表示问题，提出三种解决方案，分别从上下文加权表示和聚类先验约束两个方面提出改进的方法，从而提高细粒度观点分析中的评价目标短语分组的性能。第三个方面内容是，针对观点摘要生成过程中的主题分布影响问题，提出一种基于主题分布的超图构建方法及对应的顶点增强随机游走算法，在模型本身同时考虑句子的查询相关性和多样性，从而提高了摘要生成效果。第四个方面内容是，针对 Twitter 观点分类中的词典资源与距离监督信息的利用问题，提出一种多级别的情感增强词嵌入学习方法，从词表示方面入手提高了神经网络分类模型在 Twitter 观点极性分类任务上的性能。

7.2　展望

回顾已完成的工作，相对于社交媒体观点分析任务而言，解决的只是其面临的部分问题。展望未来，还有很多有意义的问题值得进一步研究，本书进行了简要归纳。

7.2.1　隐含评价目标的识别

目前的细粒度观点分析方法大部分针对显式评价目标（评价目标词出现在文本中），而对隐含评价目标研究较少。很多时候，人们会在文本中省略评价目标词，由于待评价实体（产品）已经确定，在此实体范围内，读者可以理解用户的评价目标。而对机器自动理解来说，这仍是一个需要解决的问题。尽管部分研究已经着手研究此问题，但基本上还停留在简单规则匹配和人工处理阶段。因此，更高效实用的方法还需要进一步研究。

7.2.2　面向观点分类的具体特征表示学习

尽管观点分类任务已经达到了较高的性能，然而面对各种复杂的应用环境及特定范围，还需要在分类过程中考虑将特定的因素加入特征表示中。以神经网络分类器为例，目前的研究已经在词嵌入中加入情感信息，在输入层加入用户个人信息及产品信息。更多的特定环境信息和限制都是需要在学习算法中考虑的，因此任务具体的特征表示学习仍是一个值得关注的研究方向。

7.2.3　跨语言标注资源的合理利用

研究社区和工业界已经发布了很多用于社交媒体分析的开放数据，然而目前的资源仍以英文语料居多，对于其他语言（如汉语）社交媒体而言，标注数据相对缺乏。尽管不同语言之间的风格及句法结构有些差异，但语言之间还是有天然的共性存在。因此，如何更好地利用相关方法（如迁移学习、机器翻译技术）在跨语言标注资源上进行有监督学习也是一个意义重大的研究问题。

参考文献

[1] KAPLAN ANDREAS M, HAENLEIN MICHAEL. Users of the world, unite! the challenges and opportunities of social media[J] Business horizons, 2010, 53(1): 59–68.

[2] LIU Bing. Sentiment Analysis And Opinion Mining[M]. Morgan Claypool Publishers, 2012.

[3] 龚诗阳, 刘霞, 赵平. 线上消费者评论如何影响产品销量?——基于在线图书评论的实证研究 [J]. 中国软科学, 2013(6): 171–183.

[4] 张红宇. 网络口碑对消费者在线行为的影响 [D]. 成都: 西南交通大学, 2014.

[5] 李健. 在线商品评论对产品销量影响研究 [J]. 现代情报, 2012: (1): 164–167.

[6] 房立煜, 吴清, 蒋辛未. 网络市场中哪种口碑更有效?——网络口碑类型对销量的影响研究 [J]. 南大商学评论, 2015(3): 124–141.

[7] 杨扬. 网络口碑对体验型产品在线销量的影响——基于电影在线评论面板数据的实证研究 [J]. 中国流通经济, 2015(5): 62–67.

[8] BERMINGHAM ADAM, SMEATON ALAN. On using twitter to monitor political sentiment and predict election results[C]//Proceedings of the Workshop on Sen-timent Analysis where AI meets Psychology (SAAIP 2011). Chiang Mai, Thailand, 2011: 2–10.

[9] FERRAN PLA, LLU' IS–F HURTADO. Political tendency identification in twitter using sentiment analysis techniques[C]//Proceedings of COLING 2014, the 25th International Conference on Computational Linguistics: Technical Papers.Dublin, Ireland, 2014: 183–192.

[10] JIANFENG SI, ARJUN MUKHERJEE, LIU Bing, et al. Exploiting topic based twitter sentiment for stock prediction[C]//Proceedings of the 51st Annual Meeting of the Association for Computational Linguistics (Volume Short Papers).Sofia, Bulgaria, 2013: 24–29.

[11] LONG Guodong, CHEN Ling, ZHU Xingquan, et al. Tcsst: Transfer classification of short & sparse text using external data[C]//Proceedings of the 21st ACM International Conference on Information and Knowledge Management.New York, USA: CIKM '12, 2012: 764–772.

[12] PHAN XUAN–HIEU, NGUYEN LE–MINH, HORIGUCHI SUSUMU. Learning to classify short and sparse text & web with hidden topics from large–scale data collections[C]// Proceedings of the 17th International Conference on World Wide Web. New York, USA: WWW '08. 2008: 91–100.

[13] HU Minqing, LIU Bing. Mining and summarizing customer reviews[C]//Proceed-ings of the tenth ACM SIGKDD international conference on Knowledge discovery and data mining, Proceedings of the tenth ACM SIGKDD international conference on Knowledge discovery and data mining.ACM, 2004: 168–177.

[14] PANG Bo, LEE LILLIAN. Opinion mining and sentiment analysis[J]. Foundations and Trends in Information Retrieval, 2008, 2(1–2): 1–135.

[15] WIEBE JANYCE, WILSON THERESA, BRUCE REBECCA, et al. Learning subjective language[J]. Comput Linguist, 2004, 30(3): 277–308.

[16] JANYCE WIEBE, WILSON THERESA. Annotating expressions of opinions and emo-tions in language[J]. Language Resources and Evaluation, 2005, 39(2): 165–210, .

[17] KIM SOO–MIN, HOVY EDUARD. Determining the sentiment of opinions[C]// Proceedings of the 20th International Conference on Computational Linguistics. Stroudsburg, PA, USA: COLING '04, 2004.

[18] MOGHADDAM SAMANEH, ESTER MARTIN. The flda model for aspect–based opinion mining: addressing the cold start problem[C]//Proceedings of the 22nd interna–tional conference on World Wide Web. Rio de Janeiro, Brazil: WWW, 2013: 909–918.

[19] WANG Tao, CAI Yi, LEUNG HO–FUNG, et al. Product aspect extraction supervised with online domain knowledge[J]. Knowledge– Based Systems, 2014, 71: 86–100.

[20] ZHENG Xiaolin, LIN Zhen, WANG Xiaowei, et al. Incorpo–rating appraisal expression patterns into topic modeling for aspect and sentiment word identification[J]. Knowledge–Based Systems, 2014, 61: 29–47.

[21] ZHANG Kunpeng, XIE Yusheng, YANG Yi, et al. Incorporating conditional random fields and active learning to im–prove sentiment identification[J]. Neural Networks, 2014, 58: 60–67.

参考文献

[22] XU X, CHENG X, TAN S, et al. Aspect-level opinion mining of online customer reviews[J]. China Communications, 2013, 10(3): 25–41.

[23] BAGHERI A, SARAEE M, JONG F D. Care more about cus-tomers: Unsupervised domain-independent aspect detection for sentiment analy-sis of customer reviews[J]. Knowledge-Based Systems, 2013, 52: 201–213.

[24] HAI Z, CHANG K, KIM J J, et al. Identifying features in opinion min-ing via intrinsic and extrinsic domain relevance[J]. IEEE Transactions on Knowledge and Data Engineering, 2014, 26(3): 623–634.

[25] QUAN Changqin, REN Fuji. Unsupervised product feature extraction for feature-oriented opinion determination[J]. Information Sciences, 2014, 272: 16–28.

[26] YAN Zhijun, XING Meiming, ZHANG Dongsong, et al. Exprs: An extended pagerank method for product feature extraction from online consumer reviews[J].Information & Management, 2015, 52(7): 850–858.

[27] ZHOU L, CHAOVALIT P. Ontology-supported polarity mining[J]. J. Am. Soc. Inf. Sci. Technol., 2008, 59(1): 98–110.

[28] LIU L, NIE X, WANG H. Toward a fuzzy domain sentiment ontology tree for sentiment analysis[C]//Image and Signal Processing (CISP). 2012 5th International Congress on, 2012: 1620–1624.

[29] LAU R Y K, LI C, LIAO S S Y. Social analytics: Learning fuzzy product ontologies for aspect-oriented sentiment analysis[J]. Decision Support Systems, 2014, 65: 80–94.

[30] MUKHERJEE SUBHABRATA, JOSHI SACHINDRA. Sentiment aggregation using con-ceptnet ontology[C]//Proceedings of the Sixth International Joint Conference on Natural Language Processing. Nagoya, Japan, 2013: 570–578.

[31] WHITELAW CASEY, GARG NAVENDU, ARGAMON SHLOMO. Using appraisal groups for sentiment analysis[C]//Proceedings of the 14th ACM International Conference on Information and Knowledge Management. New York, USA: CIKM '05, 2005: 625–631.

[32] COVER T M, THOMAS J A. Elements of Information Theory[M/OL]. New York, USA: John Wiley & Sons, Inc., 1991. http://doi.wiley.com/10.1002/0471200611. DOI:10.1002/0471200611.

[33] CHARU C AGGARWAL. Mining text data[M]. Springer, 2012.

[34] KANG HANHOON, YOO SEONG JOON, HAN DONGIl. Senti-lexicon and improved naïve bayes algorithms for sentiment analysis of restaurant reviews[J]. Expert Sys-

tems with Applications, 2012, 39(5): 6000–6010.

[35] PANG BO, LEE LILLIAN, VAITHYANATHAN SHIVAKUMAR. Thumbs up? sentiment classification using machine learning techniques[J]. Computer Science, 2009: 79–86.

[36] RUI Huaxia, LIU Yizao, WHINSTON ANDREW. Whose and what chatter matters? the effect of tweets on movie sales[J]. Decision Support Systems, 2012, 55(4): 863–870.

[37] YE Qiang, LIN Bin, LI Yi–Jun. Sentiment classification for chinese reviews: a comparison between svm and semantic approaches[C]//International Conference on Machine Learning and Cybernetics.2005, 4: 2341–2346.

[38] NASUKAWA TETSUYA, YI JEONGHEE. Sentiment analysis: Capturing favorability using natural language processing[C]//Proceedings of the 2Nd International Conference on Knowledge Capture. New York, USA, 2003: 70–77.

[39] WHITELAW CASEY, GARG NAVENDU, ARGAMON SHLOMO. Using appraisal groups for sentiment analysis[C]//Proceedings of the 14th ACM International Conference on Information and Knowledge Management. New York, USA, 2005: 625–631.

[40] WILSON THERESA, WIEBE JANYCE, HOFFMANN PAUL. Recognizing contextual po–larity in phrase–level sentiment analysis[C]//Proceedings of the Conference on Human Language Technology and Empirical Methods in Natural Language Processing. Stroudsburg, PA, USA, 2005: 347–354.

[41] KANAYAMA HIROSHI, NASUKAWA TETSUYA. Fully automatic lexicon expansion for domain–oriented sentiment analysis[C]//Proceedings of the 2006 Conference on Empirical Methods in Natural Language Processing. Stroudsburg, PA, USA, 2006: 355–363.

[42] SINDHWANI VIKAS, MELVILLE PREM. Document–word co–regularization for semi–supervised sentiment analysis[C]//Proceedings of the 2008 Eighth IEEE International Conference on Data Mining. Washington, DC, USA, 2008: 1025–1030.

[43] XIA Rui, ZONG Chengqing, LI Shoushan. Ensemble of feature sets and classifi–cation algorithms for sentiment classification[J]. Information Sciences, 2011, 181(6): 1138–1152.

[44] PRABOWORUDY, THELWALLMIKE. Sentiment analysis: A combined approach[J]. Journal of Informetrics, 2009, 3(2): 143–157.

[45] ABBASI AHMED, FRANCE STEPHEN, ZHANG Zhu, et al. Selecting at-tributes for sentiment classification using feature relation networks[J]. IEEE Trans. on Knowl. and Data Eng., 2011, 23(3): 447–462.

[46] Trevor Hastie Christopher Manning Philip Beineke. An exploration of sentiment summarization[C]//Proceedings of the AAAI Spring Symposium on Exploring Attitude and Affect in Text: Theories and Applications. 2003.

[47] BLAIR-GOLDENSOHN SASHA, HANNAN KERRY, MCDONALD RYAN, et al. Building a sentiment summarizer for local service reviews[C]//WWW Workshop on NLP in the Information Explosion Era (NLPIX).Beijing, China, 2008.

[48] CARENINI G, CHEUNG J C K, PAULS A. Multi-document summarization of evaluative text[J]. Computational Intelligence, 2013, 29(4): 545–576.

[49] LI Fangtao, HAN Chao, HUANG Minlie, ZHUXiaoyan, et al. Structure-aware review mining and summarization[C]//COLING '10.Stroudsburg.PA, USA: Association for Computational Linguistics, 2010: 653–661.

[50] ZHU Linhong, GAO Sheng, PAN SINNO JIALIN, et al. Graph-based informative-sentence selection for opinion summa-rization[C]// ASONAM '13.New York, USA: ACM, 2013: 408–412.

[51] KIM HYUN DUK, CASTELLANOS MALU G, HSU MEICHUN, et al. Ranking explanatory sentences for opinion summarization[C]//SIGIR '13. New York, NY, USA: ACM, 2013: 1069–1072.

[52] ZHUANG Li, JING Feng, ZHU Xiao-Yan. Movie review mining and summariza-tion[C]// Proceedings of the 15th ACM International Conference on Information and Knowledge Management. New York, USA, 2006: 43–50.

[53] WANG Dong, LIU Yang. A pilot study of opinion summarization in conversa-tions[C]//Proceedings of the 49th Annual Meeting of the Association for Computational Linguistics: Human Language Technologies-Volume 1.Association for Computational Linguistics, 2011: 331–339.

[54] WANG Lu, RAGHAVAN HEMA, CARDIE CLAIRE, et al. Query-focused opinion summarization for user-generated content[C]//COLING 2014. Dublin, Ireland, 2014: 1660–1669.

[55] ZHANG Haiping, YU Zhengang, XU Ming, et al. Feature-level sentiment analysis for chinese product reviews[M]. IEEE, 2011: 135–140.

[56] JIANG P, ZHANG C, FU H, et al. An approach based on tree kernels for opinion

mining of online product reviews[C]//2010 IEEE International Conference on Data Mining. IEEE, 2010: 256–265.

[57] MOGHADDAM SAMANEH, ESTER MARTIN. Ilda: interdependent lda model for learn–ing latent aspects and their ratings from online product reviews[C]//Proceedings of the 34th international ACM SIGIR conference on Research and development in Information Retrieval. Beijing, China: SIGIR, 2011: 665–674.

[58] MOGHADDAM SAMANEH, ESTER MARTIN. Opinion digger: an unsupervised opin– ion miner from unstructured product reviews[C]//Proceedings of the 19th ACM international conference on Information and knowledge management. Toronto, ON, Canada: ACM, 2010: 1825–1828.

[59] GUO H, ZHU H, GUO Z, et al. Product Feature Categorization with Multilevel Latent Semantic Association[C]//CIKM. ACM, 2009: 1087–1096.

[60] ZHAI Z, LIU B, XU H, et al. Grouping Product Features Using Semi–Supervised Learning with Soft–Constraints[C]//Proc. COLING. 2010: 1272–1280.

[61] ZHAI Zhongwu, LIU Bing, XU Hua, et al. Clustering product features for opinion mining[C]// Proc. WSDM. ACM, 2011: 347–354.

[62] ZHAI Z, LIU B, XU H, et al. Constrained LDA for Grouping Product Features in Opinion Mining[C]//Proc. PAKDD, 2011:448–459.

[63] HUANG Sheng, NIU Zhendong, SHI Yulong. Product features categorization using constrained spectral clustering[C]//Elisabeth M é tais, Farid Meziane, Mo–hamad Saraee, et al. Natural Language Processing and Information Systems. Springer Berlin Heidelberg, 2013, 7934: 285–290..

[64] ZHAO Li, HUANG Minlie, CHEN Haiqiang, et al. Clus–tering aspect–related phrases by leveraging sentiment distribution consistency[C]//Proc.EMNLP.Association for Computational Linguistics, 2014: 1614–1623.

[65] MOGHADDAM SAMANEH, ESTER MARTIN. On the design of lda models for aspect– based opinion mining[C]//Proceedings of CIKM. ACM, 2012: 803–812.

[66] JO YOHAN, OH ALICE H. Aspect and sentiment unification model for online review analysis[C]// Proceedings of the Fourth ACM International Conference on Web Search and Data Mining, WSDM '11, New York, USA: ACM , 2011: 815–824.

[67] LU Bin, OTT M, CARDIE C, et al. Multi–aspect sentiment analysis with topic models[C]//Proc. ICDMW. IEEE, 2011: 81–88.

[68] ZHAO WAYNE XIN, JIANG Jing, YAN Hongfei, et al. Jointly modeling as–pects and

opinions with a maxent–lda hybrid[C]// EMNLP. Proceedings of EMNLP. Association for Computational Linguistics, 2010: 56–65.

[69] LIN Chenghua, HE Yulan. Joint sentiment/topic model for sentiment analysis[C]// Proceedings of CIKM. Hong Kong, China: ACM, 2009. ACM: 375–384.

[70] LIU Bing, HU Minqing, CHENG Junsheng. Opinion observer: analyzing and comparing opinions on the web[C]//Proceedings of the 14th international conference on World Wide Web. Chiba, Japan: ACM, 2005: 342–351.

[71] Su Qi, Xiang Kun, Wang Houfeng, et al. Using pointwise mutual information to identify implicit features in customer reviews[C]//Proceedings of the 21st International Conference on Computer Processing of Oriental Languages: Beyond the Orient: The Research Challenges Ahead. Berlin, Heidelberg, 2006: 22–30.

[72] HAI Zhen, CHANG Kuiyu, KIM JUNG–JAE. Implicit feature identification via co–occurrence association rule mining[C]//Proceedings of the 12th International Conference on Computational Linguistics and Intelligent Text Processing–Volume Part I. Berlin, Heidelberg, 2011: 393–404.

[73] WANG Wei, XU Hua, WAN Wei. Implicit feature identification via hybrid association rule mining[J]. Expert Systems with Applications, 2013, 40(9): 3518–3531.

[74] PORIA SOUJANYA, CAMBRIA ERIK, KU Lun–Wei, et al. A rule–based approach to aspect extraction from product reviews[C]//SocialNLP, 2014.

[75] XU Hua, ZHANG Fan, WANG Wei. Implicit feature identification in chinese reviews using explicit topic mining model[J].Knowledge–Based Systems, 2015, 76: 166–175.

[76] GHIASSI M, SKINNER J, ZIMBRA D. Twitter brand sentiment analysis: A hybrid system using n–gram analysis and dynamic artificial neural network[J]. Expert Systems with Applications, 2013, 40(16): 6266–6282.

[77] NGUYEN THIEN HAI, SHIRAI KIYOAKI, VELCIN JULIEN. Sentiment analysis on social media for stock movement prediction[J]. Expert Systems with Applications, 2015, 42(24): 9603–9611.

[78] BOLLEN JOHAN, MAO HUINA, PEPE ALBERTO. Modeling public mood and emotion: Twitter sentiment and socio–economic phenomena[C]// ICWSM, 2011, 11: 450–453.

[79] GO ALEC, BHAYANI RICHA, HUANG Lei. Twitter sentiment classification using distant supervision[R]//CS224N Project Report. Stanford, 2009, 1: 12.

[80] DAVIDOV DMITRY, TSUR OREN, RAPPOPORT ARI. Enhanced sentiment learning

using twitter hashtags and smileys[C]//Coling 2010: Posters. Beijing, China, 2010: 241–249.

[81] BARBOSA LUCIANO, FENG Junlan. Robust sentiment detection on twitter from biased and noisy data[C]//Proceedings of the 23rd International Conference on Computational Linguistics: Posters. Stroudsburg, PA, USA: COLING '10, 2010: 36–44.

[82] KOULOUMPIS EFTHYMIOS, WILSON THERESA, MOORE JOHANNA. Twitter sentiment analysis: The good the bad and the omg[C]//The International AAAI Conference on Weblogs and Social, 2011.

[83] LIU Kun–Lin, LI Wu–Jun, GUO Minyi. Emoticon smoothed language models for twitter sentiment analysis[C]//Proceedings of the Twenty–Sixth AAAI Conference on Artificial Intelligence. 2012: 1678–1684.

[84] HONG Liangjie, DAVISON BRIAN D. Empirical study of topic modeling in twitter[C]//Proceedings of the First Workshop on Social Media Analytics. New York, USA: SOMA '10, 2010: 80–88.

[85] WENG Jianshu, LIM EE–PENG, JIANG Jing, et al. Twitterrank: Finding topic–sensitive influential twitterers[C]//Proceedings of the Third ACM International Conference on Web Search and Data Mining. New York, USA: WSDM '10, 2010: 261–270.

[86] LIM KAR WAI, BUNTINE WRAY. Twitter opinion topic model: Extracting product opinions from tweets by leveraging hashtags and sentiment lexicon[C]//Proceedings of the 23rd ACM International Conference on Conference on Information and Knowledge Management. New York, USA, 2014: 1319–1328.

[87] NGUYEN THIEN HAI, SHIRAI KIYOAKI. Topic modeling based sentiment analysis on social media for stock market prediction[C]//Proceedings of the 53rd Annual Meeting of the Association for Computational Linguistics and the 7th International Joint Conference on Natural Language Processing (Volume 1: Long Papers). Beijing, China, 2015: 1354–1364.

[88] TANG D, WEI F, ZHOU M, et al. Learning Sentiment–Specific Word Embedding for Twitter Sentiment Classification[C]//Proc. ACL, 2014:1555–1565.

[89] REN Y, ZHANG Y, ZHANG M, et al. Improving Twitter Sentiment Classification Using Topic–Enriched Multi–Prototype Word Embeddings[C]//Proc. AAAI, 2016: 3038–3044.

参考文献

[90] Cicero Dos Santos, Maira Gatti. Deep convolutional neural networks for sentiment analysis of short texts[C]//Proceedings of COLING 2014, the 25th International Conference on Computational Linguistics: Technical Papers. Dublin, Ireland, 2014: 69-78.

[91] DONG Li, WEI Furu, TAN Chuanqi, et al. Adaptive recursive neural network for target-dependent twitter sentiment classification[C]//Proceedings of the 52nd Annual Meeting of the Association for Computational Linguistics (Volume2: Short Papers). Baltimore, Maryland, 2014: 49-54.

[92] VO DUY-TIN, ZHANG Yue. Target-dependent twitter sentiment classification with rich automatic features[C]//Proceedings of the 24th International Conference on Artificial Intelligence.2015: 1347-1353.

[93] REN Y, ZHANG Y, ZHANG M, et al. Context-Sensitive Twitter Sentiment Classification Using Neural Network[C]//Proc. AAAI, 2016:215-221.

[94] ZHANG L, QIAN G Q, FAN W G, et al. Sentiment analysis based on light reviews[J]. Journal of Software, 2014, 12(25): 2790-2807.

[95] HE Yulan, LIN Chenghua, ALANI HARITH. Automatically extracting polarity-bearing topics for cross-domain sentiment classification[C]//Proceedings of the 49th Annual Meeting of the Association for Computational Linguistics: Human Language Technologies- Volume 1. Stroudsburg, PA, USA: HLT '11, 2011: 123-131.

[96] FANG Lei, HUANG Minlie, ZHU Xiaoyan. Exploring weakly supervised latent sentiment explanations for aspect-level review analysis[C]// CIKM. Proceedings of the 22nd ACM international conference on Conference on Information and Knowledge Management.ACM, 2013: 1057-1066.

[97] Ellen Riloff, Siddharth Patwardhan, Janyce Wiebe. Feature subsumption for opinion analysis[C]// EMNLP. Proceedings of the 2006 Conference on Empirical Methods in Natural Language Processing. Association for Computa-tional Linguistics, 2006: 440-448.

[98] PANG Bo, LEE LILLIAN. Seeing stars: Exploiting class relationships for sentiment categorization with respect to rating scales[C]// Proceedings of ACL. ACL, 2005: 115-124.

[99] MATSUMOTO SHOTARO, TAKAMURA HIROYA, OKUMURA MANABU. Sentiment clas-sification using word sub-sequences and dependency sub-trees[C]// Proceedings of PAKDD, Springer Berlin Heidelberg: PAKDD, 2005: 301-311.

[100] TURNEY P D. Thumbs up or thumbs down? Semantic orientation applied to unsupervised classification of reviews[C]// Proceedings of ACL, 2002: 417–424.

[101] ZHAO WAYNE XIN, JIANG Jing, WENG Jianshu, et al. Comparing twitter and traditional media using topic mod–els[C]//Proceedings of the 33rd European Conference on Advances in Information Retrieval. Berlin, Heidelberg: ECIR'11, 2011.

[102] GRUBER AMIT, WEISS YAIR, ROSEN–ZVI MICHAL. Hidden topic markov models[C]//AISTATS.JMLR Proceedings of AISTATS.2007: 163–170.

[103] YAN Xiaohui, GUO Jiafeng, LAN Yanyan, et al. A biterm topic model for short texts[C]//Proceedings of WWW, 2013: 1445–1456, .

[104] IVAN TITOV, MCDONALD RYAN T. A joint model of text and aspect ratings for sentiment summarization[C]//Proceedings of ACL. ACL, 2008: 308–316.

[105] LI Fangtao, HUANG Minlie , ZHU Xiaoyan. Sentiment analysis with global topics and local depen–dency[C]// Proceedings of AAAI, AAAI, 2010.

[106] LI Fangtao, WANG Sheng, LIU Shenghua, et al. Suit: A supervised user– item based topic model for sentiment analysis[C]//Proceedings of the Twenty–Eighth AAAI Conference on Artificial Intelligence, AAAI, 2014: 1636–1642.

[107] ZHANG Yong, JI Dong–Hong, SU Ying, et al. Joint naïve bayes and lda for unsupervised sentiment analysis[C]//Proceedings of PAKDD, 2013: 402–413.

[108] ZHANG Yong, JI Dong–Hong, SU Ying, et al. Sentiment analysis for online reviews using an author–review–object model[C]//Proceedings of AIRS, AIRS, 2011: 362–371.

[109] LI Chengtao, Jianwen Zhang, Jian–Tao Sun, and Zheng Chen. Sentiment topic model with decomposed prior[C]//Proceedings of the 2013 SIAM International Conference on Data Mining, SDM, 2013: 767–775.

[110] WANG Xuerui, ANDREW MCCALLUM. Topics over time: a non–markov continuous– time model of topical trends [C]//Proceedings of the 12th ACM SIGKDD inter– national conference on Knowledge discovery and data mining, SIGKDD, 2006: 424–433.

[111] TANG Jian, ZHANG Ming, MEI Qiaozhu. One theme in all views: Modeling consensus topics in multiple contexts[C]//Proceedings of the 19th ACM SIGKDD International Conference on Knowledge Discovery and Data Mining, KDD '13, New York, NY, USA, 2013: 5–13.

[112] RISHABH MEHROTRA, SCOTT SANNER, WRAY BUNTINE, et al. Improving lda topic models for microblogs via tweet pooling and automatic labeling[C]//Proceedings of the 36th International ACM SIGIR Conference on Research and Development in Information Retrieval, SIGIR '13, New York, NY, USA, 2013: 889–892.

[113] WANG Yuan, LIU Jie, QU Jishi, et al. Hashtag graph based topic model for tweet mining[C]//Data Mining (ICDM). 2014 IEEE International Conference on, ICDM, 2014: 1025–1030.

[114] LIN Tianyi, TIAN Wentao, MEI Qiaozhu, et al. The dual–sparse topic model: Mining focused topics and focused terms in short text[C]//Proceedings of the 23rd International Conference on World Wide Web, WWW'14, New York, NY, USA, 2014: 539–550.

[115] QUAN Xiaojun, CHUNYU KIT, GE Yong, et al. Short and sparse text topic modeling via self–aggregation[C]//Proceedings of the 24th International Conference on Artificial Intelligence, IJCAI'15, 2015: 2270–2276.

[116] JONATHAN CHANG, SEAN GERRISH, WANG CHONG, et al. Reading tea leaves: How humans interpret topic models[C]//Advances in Neural Information Processing Systems 22, Advances in Neural Information Processing Systems 22, Curran Associates, Inc., 2009: 288–296.

[117] XIE Pengtao, ERIC P XING. Integrating document clustering and topic modeling[C]//Proceedings of the 30th Conference on Uncertainty in Artificial Intelligence, 2013.

[118] LIU Kang, XU Liheng, ZHAO Jun. Extracting opinion targets and opinion wordsfrom online reviews with graph co–ranking[C]//Proc. ACL, Proc. ACL, Association for Computational Linguistics, 2014: 314–324.

[119] WEI JIN, HUNG HAY HO, ROHINI K SRIHARI. Opinionminer: A novel machine learning system for web opinion mining and extraction[C]//KDD'09. New York, USA: ACM, 2009: 1195–1204.

[120] MEI Qiaozhu, XU Ling, MATTHEW WONDRA, et al. Topic sentiment mixture: Modeling facets and opinions in weblogs[C]//WWW'07. New York, USA: ACM, 2007: 171–180.

[121] NOZOMI KOBAYASHI, KENTARO INUI, YUJI MATSUMOTO. Extracting aspect–evaluation and aspect–of relations in opinion mining[C]//Prague, Czech Republic. Association for Computational Linguistics, 2007: 1065–1074, .

[122] SOO–MIN KIM, EDUARD HOVY. Extracting opinions, opinion holders, and topics expressed in online news media text[C]//Proc. ACL Workshop on Sentiment and Subjectivity in Text. Sydney, Australia: Association for Computational Linguistics, 2006: 1–8.

[123] KU Lun–Wei, LIANG Yu–Ting, CHEN Hsin–Hsi. Opinion extraction, summarization and tracking in news and blog corpora[C]//Proc. AAAI–CAAW, 2006.

[124] NIKLAS JAKOB, IRYNA GUREVYCH. Extracting opinion targets in a single–and cross– domain setting with conditional random fields[C]//Proceedings of the 2010 conference on empirical methods in natural language processing. Association for Computational Linguistics, 2010: 1035–1045.

[125] YEJIN CHOI, CLAIRE CARDIE. Hierarchical sequential learning for extracting opinions and their attributes[C]//Proceedings of the ACL 2010 Conference ShortPapers, Proceedings of the ACL 2010 Conference Short Papers. Uppsala, Sweden: Association for Computational Linguistics, 2010: 269–274.

[126] CHEN Zhiyuan, ARJUN MUKHERJEE, LIU Bing, et al. Exploiting domain knowledge in aspect extraction[C]//EMNLP, ACL, 2013: 1655–1667.

[127] IVAN TITOV, MCDONALD RYAN. Modeling online reviews with multi–grain topic models[C]//Proceedings of WWW. WWW, 2008: 111–120.

[128] Ronan Collobert and Jason Weston. A unified architecture for natural language processing: Deep neural networks with multitask learning[C]//ICML. New York, USA: ICML, 2008: 160–167.

[129] ANDRIY MNIH, GEOFFREY HINTON. Three new graphical models for statistical language modelling[C]//ICML. ICML, 2007: 641–648.

[130] TOMAS MIKOLOV, ILYA SUTSKEVER, CHEN Kai, et al. Distributed representations of words and phrases and their compositionality [J]. Advances in Neural Information Processing Systems, 2013, 26: 3111–3119.

[131] JEFFREY PENNINGTON, RICHARD SOCHER, CHRISTOPHER MANNING. Glove: Global vectors for word representation[C]//Proc. EMNLP. Association for Computational Linguistics, 2014: 1532–1543.

[132] KIRI WAGSTAFF, CLAIRE CARDIE, SETH ROGERS, et al. Constrained k–means clustering with background knowledge[C]//ICML. Morgan Kaufmann Publishers Inc., 2001: 577–584.

[133] SUGATO BASU, ARINDAM BANERJEE, MOONEY R. Semi–supervised clustering

by seeding[C]//ICML, 2002.

[134] SHI ZHONG , JOYDEEP GHOSH. A unified framework for model-based clustering[J]. J. Mach.Learn, 2003 , 4(6): 1001–1037.

[135] ZHU Shunzhi, WANG Dingding, LI Tao. Data clustering with size constraints[J]. Knowledge Based Systems, 2010, 23(8): 883–889.

[136] ARINDAM BANERJEE, JOYDEEP GHOSH. On scaling up balanced clustering algorithms[C]// Society for Industrial and Applied Mathematics, 2002: 333.

[137] TED PEDERSEN. Information content measures of semantic similarity perform better without sense-tagged text[C]//HLT '10. Stroudsburg, PA, USA: Association for Computational Linguistics, 2010: 329–332.

[138] ROBERTO NAVIGLI, SIMONE PAOLO PONZETTO. BabelNet: The automatic construction, evaluation and application of a wide-coverage multilingual semantic network[J]. Artificial Intelligence, 2012, 193(6): 217–250.

[139] ALEXANDER M RUSH, SUMIT CHOPRA, JASON WESTON. A neural attention model for abstractive sentence summarization[C]//Proceedings of the 2015 Conference on Empirical Methods in Natural Language Processing. Lisbon, Portugal: EMNLP, 2015: 379–389.

[140] WANG Ling, YULIA TSVETKOV, SILVIO AMIR, et al. Not all contexts are created equal: Better word representations with variable attention[C]//Proceedings of the 2015 Conference on Empirical Methods in Natural Language Processing. Lisbon, Portugal: EMNLP, 2015: 1367–1372.

[141] THANG LUONG, HIEU PHAM, CHRISTOPHER D MANNING. Effective approaches to attention-based neural machine translation[C]//Proceedings of the 2015 Conference on Empirical Methods in Natural Language Processing. Lisbon, Portugal: EMNLP, 2015: 1412–1421.

[142] XU Jiaming, WANG Peng, TIAN Guanhua, et al. Short text clustering via convolutional neural networks[C]//Proceedings of the 1st Workshop on Vector Space Modeling for Natural Language Processing. Denver, Colorado, 2015: 62–69.

[143] RONAN COLLOBERT, JASON WESTON, ON BOTTOU L E, et al. Natural language processing (almost) from scratch[J]. J. Mach. Learn. Res., 2011, 12: 2493–2537.

[144] MANAAL FARUQUI, JESSE DODGE, SUJAY K JAUHAR, et al. Retrofitting word vectors to semantic lexicons[C]//NAACL, 2015.

[145] MO YU, MARK DREDZE. Improving lexical embeddings with semantic

knowledge[C]// Proceedings of the 52nd Annual Meeting of the Association for Computational Linguistics (Volume 2: Short Papers). Baltimore, Maryland, 2014: 545–550.

[146] HU Junlin, LU Jiwen, TAN Yap–Peng. Discriminative deep metric learning for face verification in the wild[C]//cvpr. IEEE, 2014: 1875–1882.

[147] DING Shengyong, LIN Liang, WANG Guangrun, et al. Deep feature learning with relative distance comparison for person re–identification [J]. Pattern Recognition, 2015, 48(10): 2993–3003.

[148] YI Dong, LEI Zhen, LI Stan Z. Deep metric learning for practical person re-identification[C]//arXiv preprint arXiv: 1407.4979, 2014.

[149] CAI Xinyuan, WANG Chunheng, XIAO Baihua, et al. Deep nonlinear metric learning with independent subspace analysis for face verification[C]//Proceedings of the 20th ACM International Conference on Multimedia, MM '12.New York, USA, 2012: 749–752.

[150] YOON KIM. Convolutional neural networks for sentence classification[C]//Proceedings of the 2014 Conference on Empirical Methods in Natural Language Processing (EMNLP) . Doha, Qatar: EMNLP, 2014: 1746–1751.

[151] RICHARD SOCHER, ALEX PERELYGIN, JEAN Y WU, et al. Recursive deep models for semantic compositionality over a sentiment treebank[C]//Proceedings of the conference on empirical methods in natural language processing (EMNLP). Citeseer, 2013: 1642.

[152] MIGNON A, JURIE F. Pcca: A new approach for distance learning from sparse pairwise constraints[C]//Computer Vision and Pattern Recognition (CVPR), 2012 IEEE Conference on. IEEE, 2012: 2666–2672.

[153] GLOROT XAVIER, BENGIO YOSHUA. Understanding the difficulty of training deep feedforward neural networks[J]. Journal of Machine Learning Research, 2010, 9: 249–256.

[154] NITIN JINDAL, LIU BING. Opinion spam and analysis[C]//WSDM. ACM, 2008: 219–230.

[155] ANDRZEJEWSKI D, ZHU X, CRAVEN M. Incorporating domain knowledge into topic modeling via dirichlet forest priors[J]. Proc Int Conf Mach Learn, 2009, 382(26): 25–32.

[156] NAL KALCHBRENNER, EDWARD GREFENSTETTE, PHIL BLUNSOM. A

参考文献

convolutional neu–ral network for modelling sentences[C]//ACL. ACL, 2014.

[157] TANG Duyu, QIN Bing, LIU Ting. Learning semantic representations of users and products for document level sentiment classification[C]//Proceedings of the 53rd Annual Meeting of the Association for Computational Linguistics and the 7th International Joint Conference on Natural Language Processing (Volume 1: Long Papers). Beijing, China, 2015: 1014–1023.

[158] OUYANG You, LI Wenjie, LU Qin, et al. A study on position in–formation in document summarization[C]//Proceedings of the 23rd International Conference on Computational Linguistics: Posters, Proceedings of the 23rd In–ternational Conference on Computational Linguistics: Posters. Association for Computational Linguistics, 2010: 919–927.

[159] GÜNES ERKAN, DRAGOMIR R RADEV. Lexrank: Graph–based lexical centrality as salience in text summarization[J]. J. Artif. Intell. Res.(JAIR), 2004, 22(1): 457–479.

[160] WAN Xiaojun, YANG Jianwu, XIAO Jianguo. Manifold–ranking based topic-focused multi–document summarization[C]// IJCAI 2007, Proceedings of the 20th International Joint Conference on Artificial Intelligence, Hyderabad, India, January 6–12, 2007. Morgan Kaufmann Publishers Inc. 2007.

[161] JON M KLEINBERG, RAVI KUMAR, PRABHAKAR RAGHAVAN, et al. The web as a graph: Measurements, models, and meth–ods[C]//Computing and combinatorics. Springer, 1999: 1–17.

[162] MEI Qiaozhu, GUO Jian, DRAGOMIR RADEV. Divrank: the interplay of prestige and diversity in information networks[C]//Proceedings of the 16th ACM SIGKDD international conference on Knowledge discovery and data mining. ACM, 2010: 1009–1018.

[163] ZHANG Zhengchen, GE SHUZHI SAM, HE Hongsheng. Mutual–reinforcement document summarization using embedded graph based sentence clustering for storytelling [M]. Pergamon Press, Inc. 2012.

[164] CAI Xiaoyan, LI Wenjie. Mutually reinforced manifold–ranking based relevance propagation model for query–focused multi–document summarization[J]. TEEE Transactions on Audio Speech and Language Processing, 2012, 20(5): 1597–1607.

[165] WAN Xiaojun, YANG Jianwu. Multi–document summarization using cluster– based link analysis[C]//Proceedings of the 31st annual international ACM SIGIR conference

on Research and development in information retrieval. ACM, 2008: 299–306.

[166] LI Jiwei, LI Sujian. Query–focused multi–document summarization: Combining a novel topic model with graph–based semi–supervised learning[C]//arXiv preprint arXiv: 1212.2036, 2012.

[167] WANG Wei, LI Sujian, LI Jiwei, et al. Exploring hypergraph–basedsemi–supervisedrankingforquery–orientedsummarization[J].Information Sciences, 2013, 237(13): 271–286.

[168] WANG Wei, WEI Furu, LI Wenjie, et al. Hypersum: hypergraph based semi–supervised sentence ranking for query–oriented summarization[C]//CIKM. CIKM, 2009: 1855–1858.

[169] YIN Wenpeng, PEI Yulong, ZHANG Fan, et al. Senttopic–multirank: a novel ranking model for multi–document summarization[C]//COLING. COLING, 2012: 2977–2992.

[170] LEONHARD HENNIG, DAI LABOR. Topic–based multi–document summarization with probabilistic latent semantic analysis[C]//Recent Advances in Natural Language Processing, 2009: 144–149.

[171] JAHNA OTTERBACHER, GÜNEŞ ERKAN, DRAGOMIR R RADEV. Using random walks for question–focused sentence retrieval. In Proceedings of the conference on Hu– man Language Technology and Empirical Methods in Natural Language Processing[C]//Proceedings of the conference on Human Language Technology and Empirical Methods in Natural Language Processing. Association for Computational Linguistics, 2005: 915–922.

[172] GÜNES ERKAN, DRAGOMIR R RADEV. Lexpagerank: Prestige in multi–document text summarization[C]// EMNLP.DBLP, 2004 , 4: 365–371.

[173] JAHNA OTTERBACHER, GUNES ERKAN, DRAGOMIR R RADEV. Biased lexrank: Passage retrieval using random walks with question–based priors[J]. Information Processing & Management, 2009, 45(1): 42–54.

[174] RADA MIHALCEA, PAUL TARAU. Textrank: Bringing order into texts[C]// Proceedings ofEMNLP. Barcelona, Spain, 2004, 4: 275.

[175] SHEN Chao, LI Tao. Multi–document summarization via the minimum dominating set[C]//Proceedings of the 23rd International Conference on Computational Linguistics. Association for Computational Linguistics, 2010: 984–992.

[176] WAN Xiaojun, XIAO Jianguo. Graph–based multi–modality learning for topic–focused multi–document summarization[C]//IJCAI. IJCAI, 2009: 1586–1591.

[177] WAN Xiaojun. Subtopic–based multimodality ranking for topic–focused multidocument summarization[J]. Computational Intelligence, 2013, 29(4): 627–648.

[178] ERCAN CANHASI, IGOR KONONENKO. Weighted archetypal analysis of the multi–element graph for query–focused multi–document summarization[J]. Expert Systems with Applications, 2014, 41(2): 535–543.

[179] WEI Furu, LI Wenjie, LU Qin, et al. A document–sensitive graph model for multi–document summarization[J]. Knowledge and information systems, 2010, 22(2): 245–259.

[180] SHEN Chao, WANG Dingding, LI Tao. Topic aspect analysis for multi–document summarization[C]//Proceedings of the 19th ACM international conference on Information and knowledge management. ACM, 2010: 1545–1548.

[181] DU Pan, GUO Jiafeng, CHENG Xueqi. Supervised lazy random walk for topic–focused multi–document summarization[C]//IEEE 11th International Conference on Data Mining (ICDM). IEEE, 2011: 1026–1031.

[182] JAIME CARBONELL, JADE GOLDSTEIN. The use of MMR, diversity–based reranking for reordering documents and producing summaries[C]//Proceedings of the 21st annual international ACM SIGIR conference on Research and development in information retrieval. Melbourne, Australia: ACM, 1998: 335–336.

[183] ASLI CELIKYILMAZ, DILEK HAKKANI–TUR. A hybrid hierarchical model for multi– document summarization. In Proceedings of the 48th Annual Meeting of the As– sociation for Computational Linguistics[C]//Proceedings of the 48th Annual Meeting of the Association for Computational Linguistics. Association for Computational Linguistics, 2010: 815–824.

[184] ELENA BARALIS, LUCA CAGLIERO, NAEEM MAHOTO, et al. Graphsum: Discovering correlations among multiple terms for graph–based summarization[J]. Information Sciences, 2013, 249: 96–109.

[185] ZHAO Lin, WU Lide, HUANG Xuanjing. Using query expansion in graph–based approach for query–focused multi–documentsummarization [J].InformationProcessing & Management, 2009, 45(1): 35–41.

[186] YEE WHYE TEH, MICHAEL IJORDAN, MATTHEW JBEAL, et al. Hierarchical dirichlet processes[J]. Journal of the american statistical association, 2006, 101(476).

[187] DAVID M BLEI, ANDREW Y NG, MICHAEL I JORDAN. Latent dirichlet allocation[J]. the Journal of machine Learning research, 2003, 3: 993–1022.

[188] MARTIN ESTER, HANS–PETER KRIEGEL, JÖRG SANDER, et al. A density–based algorithm for discovering clusters in large spatial databases with noise[C]// KDD. 1996, 96: 226–231.

[189] CLAUDE BERGE. Hypergraphs: combinatorics of finite sets[J]. Elsevier, 1984, 45.

[190] ZHOU Dengyong, HUANG Jiayuan, BERNHARD SCHOLKOPF. Learning with hyper–graphs: Clustering, classification, and embedding[J]. Advances in neural information processing systems, 2007, 19: 1601.

[191] LIN Hui, JEFF BILMES. A class of submodular functions for document sum–marization[C]//Proceedings of the 49th Annual Meeting of the Association for Computational Linguistics: Human Language Technologies. Portland, Oregon, USA, 2011: 510–520.

[192] ANIRBAN DASGUPTA, RAVI KUMAR, SUJITH RAVI. Summarization through submodularity and dispersion[C]//Proceedings of the 51st Annual Meeting of the Association for Computational Linguistics (Volume 1: Long Papers). Sofia, Bulgaria, 2013: 1014–1022.

[193] HU Xia, TANG Lei, TANG Jiliang, et al. Exploiting social relations for sen– timent analysis in microblogging[C]//Proceedings of the Sixth ACM International Conference on Web Search and Data Mining, New York, USA: WSDM'13, 2013: 537–546.

[194] XIANG Bing, ZHOU Liang. Improving twitter sentiment analysis with topic–based mixture modeling and semi–supervised training[C]//Proceedings of the 52nd Annual Meeting of the Association for Computational Linguistics (Volume 2: Short Papers). Baltimore, Maryland, 2014: 434–439.

[195] SUBHABRATA MUKHERJEE, PUSHPAK BHATTACHARYYA. Sentiment analysis in Twitter with lightweight discourse analysis[C]//Proceedings of COLING 2012. Mumbai, India, 2012: 1847–1864.

[196] QUOC V LE, MIKOLOV. Distributed representations of sentences and documents[C]//ICML, 2014.

[197] DANUSHKA BOLLEGALA, TAKANORI MAEHARA, KEN–ICHI KAWARABAYASHI. Embedding semantic relations into word representations[C]// IJCAI, 2015.

[198] TANG Duyu. Sentiment–specific representation learning for document–level senti–ment analysis[C]//Proceedings of the Eighth ACM International Conference on Web Search and Data Mining, WSDM. ACM, 2015: 447–452.

参考文献

[199] RONEN FELDMAN. Techniques and applications for sentiment analysis[J]. Commun. ACM, 2013, 56(4): 82–89.

[200] RONAN COLLOBERT, JASON WESTON. A unified architecture for natural language processing: Deep neural networks with multitask learning[C]//Proceedings of the 25th International Conference on Machine Learning. New York, USA: ICML'08, 2008: 160–167.

[201] PANG Bo, LILLIAN LEE, SHIVAKUMAR VAITHYANATHAN. Thumbs up? sentiment classification using machine learning techniques[C]//Proceedings of EMNLP. EMNLP, 2002: 79–86.

[202] HU Xia, TANG Jiliang, GAO Huiji, et al. Unsupervised sentiment analysis with emotional signals[C]//Proceedings of the 22nd international conference on World Wide Web. ACM, 2013: 607–618.

[203] LIU Pengfei, QIU Xipeng, HUANG Xuanjing. Learning context–sensitive word embeddings with neural tensor skip–gram model[C]// International Conference on Artificial Intelligence. AAAI Press, 2015.

[204] LIU Yang, LIU Zhiyuan, TAT–SENG CHUA, et al. Topical word embeddings [C]// Twenty–ninth Aaai Conference on Artificial Intelligence. AAAI Press, 2015.

[205] ZHOU Guangyou, HE Tingting, ZHAO Jun, et al. Learning continuous word embedding with metadata for question retrieval in community question answering[C]// Proceedings of the 53rd Annual Meeting of the Association for Computational Linguistics and the 7th International Joint Conference on Natural Language Processing (Volume 1: Long Papers). Beijing, China, 2015: 250–259.

[206] RICH CARUANA. Multitask learning[J]. Machine Learning, 1997, 28(1): 41–75.

[207] LIU Xiaodong, GAO Jianfeng, HE Xiaodong, et al. Representation learning using multi–task deep neural networks for semantic clas– sification and information retrieval[C]//Proceedings of the 2015 Conference of the North American Chapter of the Association for Computational Linguistics: Human Language Technologies. Denver, Colorado, 2015: 912–921.

[208] CHU Xiao, OUYANG Wanli, YANG Wei, et al. Multi–task recurrent neural network for immediacy prediction[C]//The IEEE International Conference on Computer Vision (ICCV). IEEE, 2015.

[209] DONG Daxiang, WU Hua, HE Wei, et al. Multi–task learning for multiple language translation[C]//Proceedings of the 53rd Annual Meeting of the Association for

Computational Linguistics and the 7th International Joint Conference on Natural Language Processing (Volume 1: Long Papers). Beijing, China, 2015: 1723–1732.

[210] PRESLAV NAKOV, ROSENTHAL SARA. Semeval–2013 task 2: Sentiment analysis in twitter[C]//Second Joint Conference on Lexical and Computational Seman–tics (*SEM), Volume 2: Proceedings of the Seventh International Workshop on Semantic Evaluation (SemEval 2013). 2013: 312–320.

[211] WANG Sida, CHRISTOPHER D MANNING. Baselines and bigrams: Simple, good sentiment and topic classification[C]//Proceedings of the 50th Annual Meeting of the Association for Computational Linguistics: Short Papers–Volume 2. Association for Computational Linguistics, 2012: 90–94.

[212] RICHARD SOCHER, JEFFREY PENNINGTON, ERIC H HUANG, et al. Semi–supervised recursive autoencoders for predicting sentiment distributions[C]// Proceedings of the Conference on Empirical Methods in Natural Language Processing. Stroudsburg, PA, USA, 2011: 151–161.

[213] SAIFMOHAMMAD, KIRITCHENKO SVETLANA. Nrc–canada: Building thestate–of–the–art in sentiment analysis of tweets[C]//Second Joint Conference on Lexical and Computational Semantics (*SEM). Volume 2: Proceedings of the Seventh International Workshop on Semantic Evaluation (SemEval 2013), 2013: 321–327.